国家认同的价值研究

姚文帅 / 著

社会科学文献出版社
SOCIAL SCIENCES ACADEMIC PRESS (CHINA)

序

　　进入 21 世纪，世界变化日新月异，中国的发展举世瞩目，中国正在逐步从世界舞台的边缘向中心迈进。然而，也应当看到，我国的现代化建设还面临着各种问题与困难、风险与挑战。中国进一步高质量的发展，需要一个稳定的社会环境，尤其在意识形态安全方面。姚文帅在博士论文基础上修改完善的专著《国家认同的价值研究》的付梓，对于团结海内外全体中华儿女共同奋斗、铸牢中华民族共同体意识、汇聚实现中华民族伟大复兴的磅礴伟力具有重大现实意义。书中作者运用马克思主义价值哲学基本原理，深入探察国家认同、国家认同的价值这一复杂、动态和重要的双重价值关系，解析国家认同的价值在国家建构过程中所处的地位及其对国民、族群、民族的生存发展所带来的效用，从国家认同的价值本质、特征、生成根源、评价和实现等方面展开全面论证，探索建构国家认同的价值论体系，是一部难得的创新之作。我们相信该书的出版会给价值哲学研究、社会治理能力研究和铸牢中华民族共同体意识等领域提供新的学术增长点，带来有益的学术活力，值得祝贺！

　　国家认同的价值研究是个难题，以此作为博士论文选题具有极大挑战性，这一论题涉及民族团结、国家治理、社会主义核心价值观等研究领域，需要在价值哲学框架内给予厘清、阐述和论证，还要在有限的时间内高质量完成，确实是个艰难的任务。但是，八年前，姚文帅博士以敏锐的理论感知、热切的家国情怀和执着的钻研精神，选择并立志要攀登这座学术山峰。研究遇到的最大难关是如何厘清界定"国家认同"和"国家认同的价值"中的价值关系双重嵌套问题，因为国家认同本身的核心就是价值观念相一致，是一重价值关系，在此基础上再将这重价值关系作为客体研究其价值，其中的纷繁复杂、交错纠缠可想而知。经过大半年艰苦的学术跋涉，不知推翻、修改了多少稿，最终得出了结论："国家认同的核心是对共同体价值的认同"，"国家认同的本质是社会个体或群体内化的心理共同体意识，即意识到自己的民族、意识到自己的国家、意识到自己存在的地域及其文化的综合"，"实现各民族对国家的认同，是民族国家的本质要求，也是最大的价值体现。中华民族国家的建构，就是国家认同形成巩固的过程，中国的国家认同，就是中华各民族对统一多民族国家的认同"。对于国家认同的价值，作者认为是主体在国家认同的实践——认识活动中建立起来的，以主体的尺度为尺度的一种客观的主客体关系。"国家认同的本质是社会成员服从于统一的社会价值观……其核心是价值认同，目标是价值共识"，本质是社会成员服从于统一的社会核心价值观。我国国家认同的价值的本质主要通过社会主义核心价值观体现出来。对于两者的正相关关系本书也给予了较充分的论证。

在解决了这个核心难题后，作者顺理成章地展开后续研究，找到国家认同的价值生成根源即文化、制度和需要；将社会道德规范、法律规范和爱国主义的基本要求融汇贯通构建国家认同的价值评价规范体系；最后提出国家认同的价值实现路径：以构建中华民族文化认同的意识形态为核心，以加强公民的社会主义核心价值教育为导向，以加强制度建设为保障，以坚决防范和打击民族分裂势力为威慑确保国家认同的价值实现。几年后再读本书，仍引发了我很多思考并获益良多。尤其是习近平总书记在第五次中央民族工作会议上指出："铸牢中华民族共同体意识是巩固和发展平等团结互助和谐社会主义民族关系的必然要求，只有铸牢中华民族共同体意识，才能增进各民族对中华民族的自觉认同，夯实我国民族关系发展的思想基础，推动中华民族成为认同度更高、凝聚力更强的命运共同体。"本书力图为阐释这一重要论断提供思想支援。

值得一提的是，姚文帅是我带的第一位博士，指导他的论文写作是个教学相长的过程。他具有较好的哲学基础，为人散淡下藏着执着和坚定，繁忙中展现秩序与理性。读博期间他克服了很多困难，兼顾工作、家庭和学习，按时高质量完成了学业，其间的奔波劳累可想而知。他的学术探索为我后续指导学生们在价值哲学领域精耕细作打下了良好的基础，也为师弟师妹们树立了好榜样。

文帅在结束语中强调，国家认同的价值问题是一个系统的理论问题，其范围之广、涵盖之深不言而喻，这一阶段性的研究成果只是宏大学术体系的开端。诚哉斯言！未来需要继续思考和研究的问题还有很多：怎样通过理性分析国家治理各层各类价值关系的基础逻辑，从中凸显多元价值中的分歧远远没有全国各族人民的共同利益和共同目标更重要，人们的整体性和相互依赖性要求找到能超越民族、文化、宗教和制度的差异的路径，促进形成休戚与共、荣辱与共、生死与共、命运与共的共同体理念；如何更深入地将国家认同的价值生成根源进行拓展性研究，讨论在价值哲学框架内各民族的文化与人民对美好生活追求和制度建设的内在价值关系；讨论夯实共同物质基础与凝聚共同价值追求的关系；研究深化共同身份认同与构筑共有精神家园的关系；如何通过正确的价值引领提升全社会的凝聚力和向心力；等等。希望文帅能始终保持对学术热情追求和解决难题的勇气，在未来的学术道路上不断攀登，期待看到他更多更好的研究成果问世。

孙 英

2022 年 9 月 16 日于海口

目　录

绪　论

经济全球化所带来的发展与冲突，在政治、经济、文化、科技等各个领域产生了深远的影响，不仅大力推动了人类文明与进步，同时也深刻影响着人们的思想意识。传统的观念、道义、伦理受到世界多元文化的冲击与洗礼，通信技术与交通运输的高速发展改变了人们原有的交往实践。信息的传播、观点的表达、政治的宣传变得更加自由迅捷。人类置身于信息的旋涡之中产生对事物判断的困惑，多变、怀疑、不确定使人们产生认同危机。同时社会发展所带来的负面影响如信息的不对称、多元文化的冲突、经济发展的不平衡和环境问题在国家与国家之间、国家与民族之间、民族与民族之间、人与自然之间造成的摩擦不断加剧。再加上某些国家道德教化导引之偏离，社会公平与正义之不举，导致官民冲突、恐怖事件与民族运动的高涨，影响和威胁着自身及周边国家的和平与稳定。这些问题从根本上讲都是价值认同问题，表现在一国之内就是国家认同问题。本书着重研究一国之内国家认同的价值，不涉及国与国之间的问题。

从国际环境来看，进入21世纪，以信息技术为中心的高新科技迅猛发展，国界已不是信息时代的界线，世界各地区可以零距离地、便捷地沟通，地球变成了地球村，各国经济日益融合为一个统一整体。经济全球化的过程是生产全球化和生产力不断提高的过程。在这一进程中，社会分工的全球化推动了资金、技术等生产要素在国际社会的流动和优化配置，由此推动世界生产力的发展和文化的传播。发展中国家在获取巨大分工利益的同时，利用这一机会引进先进技术和管理经验，一定程度上实现了产业结构优化，增强了经济的竞争力。但这是一柄双刃剑，发展中国家在发展经济的同时，西方的价值观念也随之而来，不同传统、不同观念、不同文化的交流与碰撞愈加频繁，以美国为首的西方社会，凭借其经济优势不断推销其价值理念进行文化渗透。这对经济实力薄弱和科学技术比较落后的发展中国家来说意味着风险、挑战将更加严峻。而这些问题的本质是价值认同问题，对于一国而言就是国家认同的价值问题。

从国内环境来看，当前中国正处于社会转型的历史关键时期，改革开放 40 多年来社会结构、经济体制、生态环境、文化传承等都发生了深刻的变革。人们的思想随着利益格局的分化日趋多元，差异化已成为当代人们思想的典型特征，多变性、不确定性给人们增加了更多选择性。另一方面，区域发展的不平衡、贫富差距、民族问题和极端势力、贪污腐败以及社会上的不公正问题，给人们带来了许多负面影响。这些问题在不同层面上引发了不同价值观之间的激烈碰撞。社会中高雅与低俗共存，理想与失落同在，部分人出现信仰迷茫、道德滑坡等现象。这些问题表面上看是个人行为取向，深层次上看是个人和社会的价值缺失。当前我国正处于高质量发展的关键时期，这些问题的存在必然影响国家的整体利益，甚至会危及国家安全，因此必须采取行动，从学理上分析影响国家认同的价值选择就迫在眉睫。

在这样的国际与国内背景下，我们亟须积极培育和践行国家认同的价值要求来维护我国意识形态安全。当前铸牢中华民族共同体意识、维护民主团结、实现祖国统一、实现中华民族的繁荣与昌盛不仅是当今时代的重大课题之一，而且也是实现中华民族伟大复兴的内在要求。

一　国家认同的价值研究概述

自民族国家产生以来，国家认同就以特有的实践形态客观地存在着。中外历史上依次更迭的不同社会形态以及其下的阶级社会，都以各种形式和途径实现着国家认同，以谋求其阶级统治的合理性。与此相对应，有关国家认同的价值观念，也在社会历史的变动中得以丰富和发展。然而，在过去相当长的历史时期里，国家认同的价值研究只在政治学、社会学、民族学以及人类学里常见。事实上，在人类历史的长河中，人类对于国家以及国家存在的价值意义的认识是一个不断自觉化和合理化的思考过程。在这一过程中，中外思想家在他们各自的研究领域从不同角度留下了他们对国家认同的价值思考。为了更好地便于对比研究，我们有必要对中外典型的国家认同观点进行梳理提炼，以供借鉴。

（一）我国古代"天下一家"的国家观

"天下一家"是中华民族的传统观念。这源于先人对古代中国特有的空间地理结构的认知，对天人合一的思想的理解和对帝国王道统治等实践基础上形成的以文明为界限的天下观。① 它的价值理念是以"天"为"道"，"命"为"天"授、"天人合一"体现我们民族的认知偏好和思维旨趣。在这一思想中，"大地四方"预设性的认知框架为"人"提供了进入世界的角度和方式，"天下观"生成和演变的历史过程，把一种文化共同体意识带进中华民族的历史之中，使原本属于自然地理空间的"天下"因为文化认同的价值取向，凝集成"天下一家"的"共同体意识"，使之成为中华民族国家观念的意义系统，形成了古代中国"天下一家"的国家观。直到今天"天下一家"的国家观仍然积极影响着国家认同的建构。

1. 我国古代"天下观"的概念

"天下"是我国先人思想观念中的核心概念，是先人对自身存在的认知，是古代先人揣摩世界、理解社会、认识自身的复杂思想体系。第一，它体现了先人对宇宙时空的想象。古代先人对天下的认识，按照历史唯物主义的观点，最早应开始于对自身生存环境，即满足自身物质需求的地理空间环境，如吃穿住行的环境供给的认识。小到自己的居所，大到部族的村落，从采摘到狩猎，人类在满足自身生存需要的过程中，不断认识和扩张着自己的生存空间。在人类进化的漫漫长河中逐渐形成了对宇宙空间的理解和想象。第二，它体现了先人对社会秩序的理解。马克思指出："人的本质不是单个人所固有的抽象物，在其现实性上，它是一切社会关系的总和。"② 人类为了生存必须创造物质财富，但在原始的生产力条件下，单个人的能力不足以对抗自然界其他动物的侵扰，它需要秩序提供力量，这种秩序的产生就是社会形成的体现。在先人有限的活动空间内，秩序如何安排，决定着先人活动空间的范围，于是社会分工出现了。合理的分工，不仅有效地提高了生产力，而且为"他们"打下了更大的"天下"。"天下"的观念伴随着生产力的发展，分工的进一步细化以及帝国王权的规制，逐

---

① 参见李宪堂《"天下观"的逻辑起点与历史生成》，《学术月刊》2012 年第 10 期。
② 《马克思恩格斯文集》第 1 卷，人民出版社，2009，第 505 页。

渐被赋予了秩序的意义。第三，它体现了先人对先进文化的自觉。当"天下"被赋予如上所述的意义时，"天下"也就不再是一个简单的概念，它已成为人的意识存在，成为一个文化的概念了。"'天下'作为一个空间概念时，它意味着天覆地载的最广大区域；如果作为一个政治性的概念，则意味着一个超越了区域和种族的和谐的政治秩序"[1]，"'天下观'是古代中国思想界利用空间概念构建出的一套世界秩序观，它具有鲜明的人文和政治含义"[2]。李明明在总结以往学者研究的基础上认为，关于"天下"众说纷纭的原因，学者们所用的概念指涉的内容各异，但大致说来有两种："第一种概念指近代以前中国曾在东亚建立的等级秩序以及与此相关的中国人的传统世界秩序观……第二种概念指一种超越民族主义的文化意识。"[3] 由以上分析可知，天下思想是中国古代先人在自身认知能力内对世界秩序的"想象"，是先人政治性建构与文化性传承的涵盖，其内容包括地域空间、政治、文化等多个层次；而作为一种世界理想，它本身展现了包容万象的价值理念。它表现为政治构想上的"为中"思想，文化发展上的"兼收并蓄"，民族交往的"和而不同"等方方面面，相对于现实世界有着"超越性和批判性意义"[4]。

2. "天下观"的奠基与形成

据文献记载和有关考古发现，中国的天下思想初步形成于殷商时期。空间方位与政治层级"天下"一元的等级秩序体现了彼时人们的天下观。当时人们对天下的认同在政治和地域上表现为以中原为轴心的向外辐射。

第一，空间方位层面的天下观。

因缺乏文献和实物证据，我们不能证明夏朝时是否存在关于天下思想的内容。尽管司马迁在《史记》一书中有对天下的论述，但可信性有待商榷，而殷商时期的研究材料却丰富得多，这可由考古工作者发掘出土的大量文物进行佐证。甲骨卜辞内容表明，殷商时期的人们取得了空间方位认识上的突破性进展，"中商""四方""四土"[5] 等词的频繁出现即是表现和

① 干春松：《制度儒学》（增订本），中央编译出版社，2017，第18页。
② 何新华：《试析古代中国的天下观》，《东南亚研究》2006年第1期。
③ 李明明：《论天下思想中的政道与治道》，《世界经济与政治》2011年第12期。
④ 朱其永：《"天下主义"的困境及其近代遭遇》，《学术月刊》2010年第1期。
⑤ 参见郭沫若《卜辞通纂》，科学出版社，1983，第453页。

例证。郭沫若的《卜辞通纂》对此有详尽考证。甲骨卜辞中的这些词是研究殷商时期天下思想的重要依据。学者们发现，殷商时期的人们已从空间方位角度描述自身生活的世界，认为天下有一个明确且固定的中心，即先王宗祖宗庙所在之地。胡厚宣认为，卜辞中将"商"称作"中商"的观念是后世"中国"一词出现的起源。①

　　周朝时，天下观进一步发展。人们对空间方位构成的认识沿袭了前朝中商、四方、四土的观念，并开始使用如"天下""中国""四海"等概念。周初便已出现"天下"一词。《尚书·召诰》记载："其惟王位在德元，小民乃惟刑用于天下，越王显。"② 成王时，周公建新都城于洛阳这一"天下之中"，以利有效管辖统治四方，亦便于四方臣属向周王称臣纳贡。此处的"天下"是四方臣属。周康王即位册文中所载"燮和天下，用答扬文武之先训"③ 中的"天下"亦指周王朝疆域。西周末年，"天下"概念被泛化，如"溥天之下，莫非王土"④ 中的"天下"就不仅仅是周王朝疆域。详而论之，从地域范围看，"天下"出现广义和狭义之别。前者是"天之所覆，地之所载"的普天之下，后者仅指统治疆域，即"王土"。周成王时期，与"天下"大致同时出现的还有"中国"一词。《尚书·梓材》记载了周召二公对成王的劝诫："皇天既付中国民越厥疆土于先王"⑤，此处的"中国"在含义上与"天下"相同，意指周朝疆域。对于这一含义，周朝文献多以"京师"即"国境之中"表达，实指周朝疆域或诸邦所在的地方。近现代史研究者对"中国"一词的性质多有讨论，大致有两种观点，翁独健等认为古代"中国"一词是地域或文化概念，没有国家政权的意义。他指出，《诗经》中就有"中国"一词，古代的"中国"一词只是地域或文化概念，或者为褒称。芈一之先生等认为"中国"一词是个地域概念，也有"中央之国"含义。他指出，中国称谓在历史上是地区的称呼，这个称谓不是固定不变的而是变化发展的，先秦时指处于众多国家中央地区的国

---

① 参见胡厚宣《论五方观念及中国称谓的起源》，《甲骨学商史论丛初集》，河北教育出版社，2002，第 3 页。
② 王世舜：《尚书译注》，四川人民出版社，1982，第 189 页。
③ 王世舜：《尚书译注》，四川人民出版社，1982，第 261 页。
④ 程俊英译注《诗经译注》，上海古籍出版社，1985，第 416 页。
⑤ 王世舜：《尚书译注》，四川人民出版社，1982，第 179 页。

家，把四邻称作东夷、南蛮、西戎、北狄。与"中国"同时使用的名称还有"四海""天下"①。事实上，先民通过"中国"一词表达了对国家的政治和文化认同，商周时人们对"中央"地位的"崇拜"和地域认同形成了政治认同，华夏诸邦之居，便发展成文化中心。因此，"中国"一词是集地域认同、政治认同及文化认同于一体的综合性概念，在一定意义上极大地完善了中国古代的天下观，是一个非常大的进步。②

先秦以后，秦朝统一了六国，由于地域与政权的扩大，"天下"的概念在人们的意识里有了新的"扩张"。这在儒家经书及其解释中有大量的佐证，如从地域的角度，儒家将"天下"划分为方三千里、方五千里、方万里三种类型。方三千里在《礼记·王制》里有典型的记载；战国时的楚、齐、秦三国是方三千里到方五千里的典型，方五千里在《尚书·禹贡》今文经学说里有较为翔实的记载，并将方五千里等同于九州；古文经学在阐释《周礼》《尚书》时则把九州与四海同构为方万里的天下。③ 由此看来，先人对"天下"的看法不是一成不变的，在久远的时期已经有了清晰的层级意识，"天下"由方三千里到方五千里再到方万里，对"天下"的理解随着疆域的扩大逐渐向外辐射。天下等同于方万里的同时，"又以《尔雅·释地》为媒介把四海领域化，将夷狄也结构性的包摄在内了"④。至此，包括"夷狄"在内的"方万里"的天下观念成形，其影响一直到清末民初。实际上，天下观只是一个概念，它是一个以有限为中心向外扩展的无限想象。对于历代统治者而言，皇权所在的地方就是中心，这不仅是政治的、经济的，而且也是文化的，它们以这个为中心不断地建构着儒家文化圈，并随着帝王的盛衰放大或缩小，夷夏也不是民族概念而是文化的认同。随着儒学地位的提高，中心概念的强化，天下大一统观念逐渐演变成为国家的意

---

① 赵中亚选编《王庸文存》，江苏人民出版社，2014，第104页；马亚中、钱锡生、严明：《诸子曰》，福建教育出版社，2014，第243页。
② 参见乔泰运《天下体系与中国的世界理想》，硕士学位论文，中共中央党校，2014，第37~42页。
③ 参见〔日〕渡边信一郎《中国古代的王权与天下秩序：从中日比较史的视角出发》，徐冲译，中华书局，2008，第43~66页。
④ 〔日〕渡边信一郎：《中国古代的王权与天下秩序》（增订本），徐冲译，上海人民出版社，2021，第64页。

识形态，成为人们认同的家国理念。①

　　第二，政治层面的天下观。

　　除地理上的空间方位观念外，商朝或隐或显地还存在统治层级认同。周公分封殷商后裔康叔时的训词《尚书·酒诰》中有"内服""外服"之称，"内服"包括百僚、庶尹、惟亚、惟服、宗工、越百姓、里居，"外服"包括侯、甸、男、卫、邦伯。② 虽然《尚书》成书年代与商周时期有很长的时间间隔，两个王朝之间存在着较大的差别，但周朝的礼仪制度大多是因袭商朝而来是没有多大疑问的，因此我们可以从周朝存在的内外服制度一窥殷商时期业已存在的内外服制度的政治层级认同。西周时期存在的分封制同样也借鉴了殷商的制度设计。总而论之，殷商时期对天下思想的认同已初具雏形，"中央""四方"的方位观念和"内服""外服"的统治层级结构也初步形成。

　　西周以后政治层级的天下认同观念日趋成熟，这主要表现在对国家认同的两个方面变化上：一方面强调"中"的概念，另一方面构想"服"制。殷商时期，商朝与"四方邦国"相对应自称"中商"，称呼上的这种方位差异显示的是一种隐藏了的政治优越性和权威性。西周初始，利用建新都的政治契机，以周公为代表的统治者设计和实施了"天下之中"的建都构想，将天子都城的"中央"地位提升到新高度。周兴于西部渭水一带，牧野之战后建立中央政权。都城镐京偏居西部的周朝，受政治军事力量及交通、通信等各方面因素造成的空间阻隔和殷商残余势力的限制和影响，事实上无力或无法有效统辖全部领土。这说明，其统治并不稳固，"武王克殷二年，天下未宁而崩"③，后来殷商残余势力发动"三监叛乱"④，周公率军东征历时三年平定叛乱，巩固了新生的周朝政权，也坚定了周公建新都分邦以治的意志。在新都选址上，周公提出并施行"天下之中"的思想。周公最终选定的新都位置，是地理要素标准（"天地之所合，四时之所交，风雨

---

① 参见吕文利《中国古代天下观的意识形态建构及其制度实践》，《中国边疆史地研究》2013年第 3 期。
② 王世舜：《尚书译注》，四川人民出版社，1982，第 168~169 页。
③ （汉）司马迁撰《史记》，上海古籍出版社，2011，第 1117 页。
④ （汉）司马迁撰《史记》，上海古籍出版社，2011，第 90 页。

之所会，阴阳之所合"①）、政治中心思想（"居天下之中以均统四方"）、经济中心思想（"为天下之大凑"②）、文化中心思想（"定天保，依天室，均教化"③）的有机统一。周公设想建成后的新都定能成为天下统治中心。

周朝在构想划分统治层级的"服"制方面，较殷商时的"内服""外服"更为精密。《国语·周书上》《尚书·禹贡》《周礼·夏官·职方氏》《周礼·夏官·大司马》《周礼·秋官·大行人》是记载统治层级观念的较有代表性的先秦文献。记载了祭公谋父劝谏周穆王的《国语·周语上》对"五服"观念是这样表述的："先王之制，邦内甸服，邦外侯服，侯、卫宾服，蛮、夷要服，戎、狄荒服。甸服者祭，侯服者祀。……日祭、月祀、时享、岁贡、终王，先王之训也。"④ 这表明了不同地理方位政治势力的政治地位及承担的义务。与此相比，《尚书·禹贡》不仅列出了"五服"之名，还详细规定了各层次政治势力必须要贡献的物件："五百里甸服：百里赋纳总，二百里纳铚，三百里纳秸服，四百里粟，五百里米。五百里侯服：百里采，二百里男邦，三百里诸侯。五百里绥服：三百里揆文教，二百里奋武卫。五百里要服：三百里夷，二百里蔡。五百里荒服：三百里蛮，二百里流。"⑤ 另外，《周礼·夏官·职方氏》中的"九服"说⑥、《周礼·夏官·大司马》中的"九畿"说⑦、《周礼·秋官·大行人》中的"六服一番"⑧ 说，无不体现出一种对现实世界的同心圆式的理想划分。这是周朝统治者在政治上依血缘及政治亲密关系进行的精心划分，以使整个政治系统中的不同层级各适其位，且据以履行不同的义务，形成了"中心—外围—更外围"的基本政治统治架构。

3. 我国古代天下理念的思想价值

"天下观"是皇权专制统治及中国传统文化的重要组成，从某一程度上来说，"天下观"催生出中国历史进程中的一个重要思想观念——文化认同

① 杨天宇译注《周礼译注》，上海古籍出版社，2004，第150页。
② 黄怀信：《〈逸周书〉源流考辨》，西北大学出版社，1992，第255页。
③ （西汉）司马迁：《史记》，上海古籍出版社，2011，第87页。
④ 陈桐生译注《国语》，中华书局，2013，第5页。
⑤ 慕平译注《尚书》，中华书局，2009，第75页。
⑥ 杨天宇撰《周礼译注》，上海古籍出版社，2004，第479页。
⑦ 杨天宇撰《周礼译注》，上海古籍出版社，2004，第414页。
⑧ 杨天宇撰《周礼译注》，上海古籍出版社，2004，第561页。

至上。从人口数量来看，汉族无疑是中国历史上的主体。然而，维系国家认同的却是"天下"文化观，这一高于种族意识的重要思想观念，也即只要承认儒家观念为中华文明的价值秩序，承认中华文明的文化正统，就可以成为中华文明帝国的一部分。从这一历史深处我们不难领悟到，中国不仅是多种族的集合体，更是一个和谐共融的文明体系。虽然经过几千年的发展，中国已经成为现代国家，但是依然难以与自身传统的血脉相互断绝。古代"天下观"的思想价值主要体现在以下三个方面。

第一，形成了"大一统"的政治理念。

在历史早期，中国文化的世界理念与其他国家相比，就有其独特之处。这在很大程度上是受到了中国所处地理环境因素的影响。虽然有古人所居住的地理区域限制，但是古人所强调的"天下"并非国土本身，而是一个较大的概念，即整个宇宙和世界是由"中国"加上"四夷"组成，而"天下共主"则统领着整个"天下"。由此可知，在传统的"天下观"中，整个天下没有严格的中外之分、内外之别，由"中国"和"四夷"两部分共同组成，而且强调"天下一体"，也即人类所知与所居住的整体。《诗经·小雅·北山》中"普天之下，莫非王土，率土之滨，莫非王臣"，折射出的是典型的传统的"天下观"，这也反映了中国文化观念中的普遍的"天下观"。

"九州""普天之下"诸如此类的传统"天下观"都是十分宏大的。随着社会的演进，人们的文化观念也得以更新，天下观关于"天下"的理解也得到了相应的完善。在商周时代，"天下"的内涵主要指的是"邦畿千里"与"四夷"，也即天子的直接统治区域与列国诸侯所管辖的区域；到了秦汉之后，"天下"的内涵得到了进一步的发展，随着对外交通的发展以及国家的空前统一，传统天下观"天下"的内涵也得到了进一步的发展，"天下"由更大的中原与"四夷"构成，"天下"不仅包括了"舟车所至，人力所通"的地方，也同样包含了"天之所覆，地之所载，日月所照，霜露所坠"（《礼记·中庸》）的所有地方。由此看来，在秦汉之后的"天下观"中，天下的边缘是无限开放的，而其中心是相对稳定的，这也在很大程度上反映了中国古代帝王疆域统治的变迁及中国几千年的历史文化的变迁。

中心和边缘意识是传统的"天下观"的重要组成部分，也是传统农业社会中土地重要性的折射。在传统的"天下观"中，"中国"代表着整个天下，而唯一文明之地仅仅包含了"四夷"围绕的"中国"。后来，"天下"的内涵也随着疆域和地理范围的扩大及人们文化观念的不断进步而不断扩大。除了"中国"为代表的"海内"，人们还知道有"海外"的存在。

虽然"天下"的内涵得到了进一步的发展，但中国人似乎对"海外"文明并无兴趣。这种"天下观"在很大程度上受到华夷体系和朝贡制度的影响，也即封建社会的"服事观"。对比西方对世界的看法，中国的天下观存在明显的差异。因为西方的天下观基于"民族"与"国家"，其思考的着眼点在于"个人"，而中国人对世界的思考视角更开阔，更宏伟，也更宽广。

第二，昭显了中华民族的精神与民族团结的传统。

"天下"观与"大一统"相契合，是保持中华文明绵延长续的两个思想动力，也是中华文明绵延不绝的重要原因之一。在中国古代的典籍记载中，当时"许多自然的村落生活中辛勤耕种的人们，随着自然的村落的不断发展又属于一个庞大的联盟，逐渐形成了环形的'城'，形成共同体'邦'，人们生活在一个统一体内，在联盟内和平共处，这也在很大程度上折射出了当时能够了解的'天下'的含义，也即传统的'天下'应该统一在一起的"①。虽然这种"天下"应该统一在一起的观念在历史进程里的特殊阶段表现得并不明显，但是总体而言，其历史延续性无疑十分显著。古代国家是在分分合合中发展，并非一成不变的，传统的"天下"观始终引导着国家统一。同时，它也凸显出中央至高无上的领导权威，即能够统一四方、强有力地控制已知的天下的能力。这也在很大程度上反映出华夷秩序最完美的政治结构。由此可见，中国最初对"统一"的认识注重对"天下共主"的认同，注重对"邦畿千里"的统治。随着历史的不断发展，"大一统"理念在一定程度上得到了进一步的强化，也在很大程度上得到了进一步的肯定。到秦汉时期，尤其是汉武帝"独尊儒术"之后，"大一统"观念占据了主导地位，成为儒家政治学说的核心。"大一统"思想在中国历史上的长期存在为大一统的政治结构长期存在奠定了基础。与周边地区相比，中华文明在经济、文化上一直处于领先地位，这种优越感在很大程度上刺激并强化了古代中国人的天下中心意识。后来，周边少数民族也受到了潜移默化

---

① 葛兆光：《中国思想史》，复旦大学出版社，2001，第130页。

的影响，经过几千年的传承与发展，"天下观"发展演进成"大一统"思想，并最终成为中华民族的正统思想。

第三，促进了中华民族的形成。

"五帝三代""春秋战国"时期是中国历史进程中的一个重要转折点。对于五帝三代的记载文献中，其中有一大部分为春秋战国时代各家各派学者所著，如道家心中的伏羲，墨子心中的禹，孔子心中的文王与周公，孟子心中的尧、舜，等等。这些记述中很大一部分折射出古代因施仁义而得"天下"的道理。然而，从另一方面来说，春秋战国时代各家各派学者的这些理想的描述也暗示了"天下"随着历史的变迁，不受社会与文化力量制约，朝着"禅让""征诛"等方式的一家一姓宗法制政治变迁，出现"家天下""争城以战，杀人盈城""春秋无义战"的混乱局面。秦吞并了六国，实现了中国历史上第一次大一统，其在中国历史进程中不仅起到了过渡作用，而且为后世的统一与发展奠定了基础。秦确立了法家思想为其治国理念。

汉朝继承秦朝的政治制度，并将其与儒家治国理念相融合，发展形成了延续两千多年的中央集权制。这一制度带有浓厚的血缘宗亲色彩。秦汉之后的"公天下"在很大程度上成为朝代吏治甚至是汉族外民族入主中原的指导思想，同时，该思想也在很大程度上制约着皇帝的言行。从古至今，"天下"概念从最初的基于政治经济制度、宗法血亲理念的地理空间逐渐朝着皇帝中央集权制演变，这种皇帝中央集权制的落脚点在于仁礼理念。可以说，从"天下"概念的演变过程可以看出历史在不断进步，伦理约束的中央集权特征越来越显著，血亲宗法色彩不断削弱。先秦时期的"尊王攘夷"中的"天下"概念与秦汉后的"替天行道"中的"天下"概念相比，区别在于"家天下"与"公天下"，这也在很大程度上显示了宗法特征与伦理特征的区别。经过两千多年的发展，中华民族的"天下"概念逐渐由宗法的"家"朝着伦理的"公"转变。在宗法的"家"朝着伦理的"公"的转变过程中，中华民族也由此获得了比较稳定的发展环境。正是得益于这种发展背景，古代中国的经济、文化、对外交往等也在不断进步，并持续繁荣。

儒家思想在汉武帝的"罢黜百家"之后，在政治生活中贵为"一尊"，在很大程度上影响着中华民族的政治生活。儒家的仁、义、忠、恕、爱、敬、廉、耻等文化对于人类的共同价值发挥着极为重要的作用，因此被统治者所提倡。正是在仁、义、忠、恕、爱、敬、廉、耻等这样的社会文化环境中，中华民族才不断发展壮大，从五帝三代时期到各个盛世，四夷之民逐渐与华夏诸族交流交融，使得本土居民与外来民族不分彼此，并最终融为一体。这得益于"天下"伦理的不断发展，它所具有的开放性在很大程度上消解了"夷夏"的隔阂与区分，同时也拓宽了"天下"的广度和深度。根据"人同此心，合同此理"原则，加上"天下"的内涵，少数民族与中原民族逐渐联系在一起。

自秦汉统一之后，中华民族迎来了长期相对稳定的政治局面。虽然魏晋南北朝时期发生过巨大民族裂变，出现了南北两个政权分治的局面，但是这并未对中华民族长期的、相对稳定的政治局面带来不利影响。魏晋之后的隋唐时期，中国又重新迎来了国家的统一。尽管北方地区在多数时间都由少数民族统治，但其接受了中原的文化观念，积极走向这一文化深处。尽管隋唐之后又出现了"五代十国"之乱，然而这也并未对中华民族长期相对稳定的政治局面造成破坏，虽然政权到了北方沙陀族人和契丹人手中，但其选择融入中华民族大家庭中，依然延续中华民族政治经济制度与正统的文化，这也在很大程度上促进了民族文化大繁荣。宋代之后，少数民族如女真、契丹、蒙古族、满族等都积极融入中华民族大家庭，极大丰富了中华民族文化。由此看来，始于秦汉之际的历史变迁在很大程度上丰富了民族文化，有力促进了各族群的交融，同时也促使整个社会对"天下"的理解由地域视角转向世界整体视角。因为"中国即是整个的世界"在当时中国人思想里根深蒂固，人们认为中国即是整个的天下，而这世界中的人类也全是中国人。因此，在这样的文化背景下，所谓"王天下"也在很大程度上意味着统治全世界，建成一个容纳全人类的世界国家，使所有人类所及之处均受同一的统治，"民族"相对于"国家"在很大程度上无异于"人类"与"世界"。在中国传统文化长河中，尽管民族文化一直在发展，却依然被禁锢于宗法制框架之下，在时代变革过程中，长期传承的文化，如专制主义、家天下等，在很大程度上影响了中华民族的进步与发展。尽管专制主义被视为民族沉疴而被中国历代启蒙思想家们痛加贬斥，但是，它仍然有不少精神资源值得我们去开发和吸收。中国古代的"天下"观的积极意义在于，它明确了个人与民族、个人与国家之间的关系价值定位，进而转变为中国各民族团结的核心要素，并形成独一无二的精神凝聚力。

（二） 西方思想史中国家认同的价值变迁

1. 自然秩序与政治正义：柏拉图、亚里士多德笔下的城邦价值

美国保守主义思想家埃里克·沃格林（Eric Voegelin）曾把当代西方左翼思想家比作柏拉图笔下的卡利克勒斯（Callicles）。[①] 他将左翼运动称为"灵知群众运动"，这种运动的实质是不断否定各种现存的正义标准，否定政治正义的实体价值，只是把政治当作权力的工具。既然现存的正义不过就是意识形态，没有任何超越权力范畴的独立价值，那么任何现存政治的正当性将不复存在，革命就是理所当然之事。所谓的"灵知"即指早期基督教异端的诺斯替教派，沃格林用它来泛指一切神圣世俗化或曰神圣内在化的思想。按照这种说法，灵知主义不承认任何超越于世俗生活的正义，不承认任何正义的实体性价值，只承认正义的工具性效用。这种思想不是近代左翼运动的独创，而由来已久，它源于古希腊的智者学派，卡利克勒斯就是代表。

我们知道，柏拉图笔下有两场关于正义的著名争论：一场是《理想国》中苏格拉底和色拉叙马霍斯（Thrasymachus）的争论；另一场是《高尔吉亚》中苏格拉底和卡利克勒斯的争论。反讽的是，沃格林把左翼思想家比作卡利克勒斯，而西方马克思主义者、著名的左翼城市地理学家戴维·哈维（David Harvey）则说色拉叙马霍斯实际上指出了正义的观念必定是某种领导权话语（hegemonic discourse）的构造物，这与马克思主义经典作家不谋而合，例如恩格斯就讲过"正义不过是现有经济关系意识形态化的美妙措辞"[②]。这不啻证实了沃格林的说法：左翼的批判理论与智者学派一脉相承。可以说，哈维与沃格林二人做出了同样的事实判断，只不过立场正好相反：前者站在智者学派一边批判苏格拉底，后者站在苏格拉底一边批判智者。这就使我们在思考当代国家和政治的价值时，不能不从头开始，从苏格拉底和智者之争这一西方智慧的源头开始。限于篇幅，这里不能全面介绍苏格拉

① 参见〔美〕沃格林《科学、政治与灵知主义》，氏著《没有约束的现代性》，张新樟、刘景联译，华东师范大学出版社，2007，第86~87页。
② 〔美〕戴维·哈维：《社会正义、后现代主义和城市》，朱康译，载罗岗主编《帝国、都市与现代性》，江苏人民出版社，2006，第209~210页。

底、柏拉图等人的城邦价值观，只能以点带面，窥一斑而知全豹。

以柏拉图《理想国》为例。这里需要说明，古希腊时期不存在我们今天所说的国家（nation），"理想国"之"国"应为城邦，"《理想国》这一书名的确切含义应该是'理想的城邦体制'"①。书中，柏拉图又是如何在苏格拉底和色拉叙马霍斯之争中，表现出他自己的城邦价值观的？

据说书中描述的故事发生在伯罗奔尼撒战争的前夜，众所周知，这场战争的失败方雅典奉行民主制。更重要的是，苏格拉底本人在三十僭主倒台后也被民主地审判为有罪。正因如此，色拉叙马霍斯扮演的是一个民主派的角色。在本书第 1 卷后半部分和第 2 卷开头部分，色拉叙马霍斯和苏格拉底关于正义有过一场著名的辩论。

色拉叙马霍斯的论点是"正义就是强者的利益"。对此，苏格拉底反驳道，医生施展医术是为了治好病人，同理，政治家统治也是为了人民。"一门技艺或科学，是为了对象的利益"②，所以统治的技艺是为了被统治者的利益，而不只是统治者的利益。色拉叙马霍斯则回应道，难道牧羊人日夜操心羊群，是为了羊的利益而不是牧羊人自己的利益吗？如其所说：

> 正义也好，正义的人也好，反正谁是强者，谁统治，它就为谁效劳，而不是为那些吃苦受罪的老百姓，和受使唤的人效劳……极端的不正义就是大窃国者的暴政，把别人的东西……肆无忌惮巧取豪夺。……所以，苏格拉底，不正义的事只要干得大，是比正义更有力，更如意，更气派。所以象我一上来就说的：正义是为强者的利益服务的，而不正义对一个人自己有好处、有利益。③

平心而论，以上一段"窃钩者诛，窃国者侯"的控诉，真像是一份当代民主革命家的宣言。在这段话中，色拉叙马霍斯很清楚地说明了二人截然不同的正义观。色氏认为，正义不过就是统治权力的效用而已。换言之，所谓的正义不过就是统治者实现自己统治的结果而已，城邦不过就是统治

---

① 王扬：《译者前言》，柏拉图：《理想国》，王扬译注，华夏出版社，2012，第 3 页。
② 〔古希腊〕柏拉图：《理想国》，郭斌和、张竹明译，商务印书馆，1986，第 25 页。
③ 〔古希腊〕柏拉图：《理想国》，郭斌和、张竹明译，商务印书馆，1986，第 26~27 页。

者的工具而已。

而柏拉图本人则认为，有一种超越于世俗统治权力的普遍正义。相较于世俗权力而言，这种普遍的正义才是真实的。苏格拉底所说的哲学家教育，就是希望哲学家能够代表普遍正义以遏制权力正义观或城邦工具论的蔓延。在色拉叙马霍斯那里，只有成功的统治和不成功的统治的区别；而在苏格拉底这里，只存在正义的统治和不义的统治的区别。正义的统治就是好的城邦，在柏拉图看来，好的城邦就是超越于人的权力欲望的。

这里透露出，在古希腊哲人那里，政治正义、正当的城邦生活总是与个人私欲对立的。亚里士多德曾指出：

> 城邦的长成出于人类"生活"的发展，而其实际的存在却是为了"优良的生活"。①

这段表述曾引起争议。美国学者大卫·凯特（David Keyt）把亚里士多德《政治学》概括为三个基本定理：①城邦本性上是一个整体，而非孤立个体的结合；②人本性是政治动物；③本性上城邦优于个人。总而言之，在三个定理上，亚氏都出现了自相矛盾。总而言之，既然城邦或曰政治是凭借人"优良的生活"的需要而人为地建成的，是凭借人的技艺（art）才得以实现的，又怎么能说它是自然的产物，符合自然的目的呢？相比之下，霍布斯则不然，他强调政治或国家的作用就是否定人的自然状态，反而逻辑自洽。②

事实上，凯特犯了一个根本错误：他以霍布斯的自然观去理解了亚里士多德的自然。在古希腊人那里，自然与技艺并不对立。相反，好的技艺恰恰是要实现自然目的的。中国人有句成语"浑然天成"，以形容技艺水准高，就好像天生的一样，这与古希腊哲人的自然观类似。在亚里士多德那里，自然的对立面是习俗（custom），后者是凭借人的欲望自发形成的。那么，好的城邦，即正当的统治技艺就是符合自然秩序的，自然规定了城邦

---

① 〔古希腊〕亚里士多德：《政治学》，吴寿彭译，商务印书馆，1965，第7页。
② 参见 David Keyt, "Three Fundamental Theorems in Aristotle's Politics", *Prognosis*, Vol. 32, No. 1, 1987。需要指出，"政治"（politics）一词的词源就是"城邦"（polis），在古希腊哲学的表述上，二者是可以互换的。

政治的价值目标。而人的欲望和习俗则既是反自然的，也是反政治的。我们今天习惯于把人的欲望和习俗视为自然而然的，这恰恰与古希腊哲人相反。

据此而论，在古代哲人那里，只有投身于城邦的正义事业，才是一个公民有意义的生活，这是公民的自然本性。然而到了中世纪以后，古代人的自然与技艺的统一性被瓦解了，对国家的价值认同也发生了根本性的颠倒。

2. 西方近代国家价值认同：从霍布斯到卢梭

古代印欧文明信奉多神教，多神之间是有层级结构的，每个神都有自己固定的位置和职责。这意味着有一种超越于神的秩序结构或曰"天条"，这是神都需要遵守的。现世政治技艺的正当性就来自对这种自然秩序的模仿。犹太——基督教则大异其趣。"神说要有光，于是就有了光。神说光是好的，于是就和黑暗分了开来。"逻各斯（logos）成为上帝意志的产物。一切秩序是上帝制作出来的，换言之，是主体技艺的产物。

在亚里士多德那里，好的政治以自然为目的。而在中世纪神学家那里，自然状态指的是未受上帝恩惠的状态。这说明尽管中世纪宗教哲学家好以柏拉图、亚里士多德解释《圣经》，但这并不能掩盖希腊和希伯来之间的巨大文化差异。在前者那里，自然具有理念或形式的性质，是技艺实现的目标；而在后者这里，自然被降格到了质料的层次，成为主体的技艺操作对象。

这标志着西方历史上主体主义思想的出现。基督教哲学与启蒙哲学的最大区别只在于，启蒙主义者把作为主体的上帝变成了作为主体的人。古希腊人的政治学追求城邦的正义，个人自由并不是政治学的核心概念，甚至不是政治学的讨论对象。只有当主体的制作和宰制得到承认之时，"不受外物支配"的问题才会凸显出来。正因如此，才会有奥古斯丁所谓的"自由意志"。现世的国家政治也不再像古希腊、罗马公民那样，是人自然而然的目的。

这里需要提及的是中世纪晚期唯名论哲学对亚里士多德主义的批判。在托马斯·阿奎那看来，上帝具有无限性，无限性意味着没有质料约束的纯形式。形式仍然是形而上学讨论的中心议题。邓司·司各特则不然，在他看来，无限是完全超越于存在物，超越于有限性的，是不可度量的。无限是上帝的核心概念，所以上帝是不可理解的。人只能理解有限的事物，完全不能理解全能无限的上帝。上帝就是无限的，不是柏拉图的至善，也不是亚里士多德的形式。

正是因为上帝的不可理解，所以实践科学比理论科学更有优越性。虽然实践的环境是可变的，但它仍然具有不变的目的与指导原则，这就是所谓的"正道"（rectitude），也可称为"正确理由"（right reason）或"神圣诫命"。

在亚里士多德那里，目的意味着最好的状态或应该有的状态。比如牙齿的目的是用于咀嚼，只有当它用于咀嚼时，才是应有的状态。这就是说，万事万物都有自己的自然目的或曰应然状态，只有当人们各居其位时，世界才是好的，人才是幸福的。但司各特却说，对于人而言，这种好的状态或许是幸福的状态，但绝不是自由的状态或真正道德的状态。正如他区分了意志的两种意动（affection）。一种是朝向于好处的意动（affectiocommodi）；另一种是合义的意动（affectiojustitiae）。前一种是亚里士多德的意动，是不自由的，受外物羁绊的，意欲的对象是幸福（理论科学）；后一种建立在自由意志之上，是指向上帝的、自由意志超越于人的自然幸福。

威廉·奥卡姆则指出，普遍的实体只存在于心灵之中，现实之中只有个别实体，所以亚里士多德的第二实体（在个体之上的种类）在现实中是不存在的。在柏拉图看来，桌子的理念是比现实的一张张桌子更真实的东西，因为具体的桌子可以灭坏，桌子的理念是永远存在的。而奥卡姆则问道，这是不是意味着上帝只能消灭一张张具体的桌子，而不能消灭更真实的桌子的理念？按照柏拉图、亚里士多德的见解，上帝的全能性怎么保证？这正是被思想史家称为"奥卡姆剃刀"的重要命题："如无必要，勿增实体。"正因如此，每个个体跟上帝的关系是直接的，超越于个体的种类不过就是理论研究预设出来的结果。所以每个人信仰上帝是不需要经过哲学理论的。

司各特、奥卡姆等唯名论宗教哲学家，代表了西方历史上的一个重要转向：思想家们开始抽掉横生在人与上帝之间的层级结构。这不仅意味着教会势力的旁落，也意味着国王与人民之间的封建等级阶层开始衰落。这是我们思考霍布斯国家价值认同必不可少的前提。

按照霍布斯的社会契约论，在自然状态下，人与人之间的关系就是狼与狼之间的关系。人们为了各自的安全和幸福考虑，不得不放弃自己的一部分自然权利，而结成国家。关于霍布斯的国家学说，学界耳熟能详，兹不赘述。这里需要指出，在古代人看来，公民一定是城邦或共和国的人，参与到政治事务当中才是公民应该过的生活。政治学关注的并不是个人自由，而是政治正义。我们知道，正义的基石是"德福一致"。对于一个合格的公民而言，政治生活既是幸福的，也是有德性的生活。而从奥古斯丁开始，德性与信仰都是自由意志的结果，与幸福没有直接关系。在霍布斯那里，国家是为了每个个人的安全需要而制造出来的，是个人造物（craft）。国家只关涉幸福，而与道德无关。

卡尔·施米特洞察到，表面看来，霍布斯的利维坦强大无比，但却十分脆弱。霍布斯的利维坦不具备古代人的道德意义，它只不过是一台技术中立的机械装置而已。

> 随着国家被看作人类计算的一个人工产品，决定性的一步就迈出了。所有进一步的发展……都是技术和自然科学思想自身进一步发展的结果……它导致的结果是，巨人的灵魂如今也变成机器的一个零件。……于是，国家概念的机械化完成了人的人类学形象的机械化。[1]

当国家只是个人实现自身幸福的工具时，它就不能再像古希腊人那样作为公民生活的方向而存在了。罗素提及：

> 不过他（指霍布斯）承认服从主权者的义务也有一个限度。……他的利己主义的伦理观有一个奇妙结论，就是对主权者的反抗只在自卫的情况才算正当；为保护旁人而进行的反抗却总有罪。还有另一个十分合乎逻辑的例外：人对于无能力给予他保护的主权者，没有任何义务。[2]

---

[1] 〔德〕卡尔·施米特：《霍布斯国家学说中的利维坦》，应星、朱雁冰译，华东师范大学出版社，2008，第74~75页。

[2] 〔英〕罗素：《西方哲学史》下册，马元德译，商务印书馆，1976，第75页。

在古代人看来，公民若不服从城邦的战争义务，就是不道德的。可在霍布斯看来，这为什么不道德，这番话充分地说明了不管利维坦再怎么强大，它仍不过是个人满足自己安全需要的工具而已。换言之，柏拉图、亚里士多德那里，城邦具有实体上的价值或目的上的价值，而到了霍布斯这里，就只剩工具效用上的价值了。

可以说，利维坦仍是古典自由主义的产物。国家公共权力来源于每个人自然权利让渡出去的那部分的总和，公权力与个人自由是一种对立的关系。论者曾指出：

> 霍布斯的人性观和据以所描述的自然状态……实际上写的是近代人……霍布斯把资产阶级的阶级性当作了普遍的人性。①

诚如斯言！所谓的"自然状态"其实是在模拟市场竞争的市民社会状态，个人自由与国家权力的对立实际上也是市民社会与国家权力的二元分立。而这种对立直到在卢梭那里才得到一个较为彻底的解决。

通常说来，自然状态、自然权利、自然法、原初契约是社会契约论的四个基本要件。然而在卢梭那里，这四个要件却是残缺不全的。事实上，他总共提到过两次社会契约。第一次在《论人与人之间不平等的起因和基础》（以下简称《论不平等》）那里：

> 强者和弱者同样尽相互间的义务……要把我们的力量集结成一个至高无上的权力，这个权力根据明智的法律来治理我们，以保卫所有这一团体中的成员，防御共同的敌人，使我们生活在永久的和睦之中。②

这里卢梭用"社会契约"解释了人类社会由自然状态向国家的演变。但问题出在了"原初契约"这一环节上。"富人终于想出了一种最深谋远虑

① 〔美〕霍布斯：《利维坦》出版说明，黎思复等译，商务印书馆，1985，第 10 页。
② 〔法〕卢梭：《论人与人之间不平等的起因和基础》，李平沤译，商务印书馆，2007，第 99~100 页。

的计划……"这样的契约毋宁说是一种诈骗，而不是基于立约双方共同的自由意志。这种由阶级分化产生国家政治的论述，实际上为马克思主义的国家起源学说导夫先路。对此，在《反杜林论》中，恩格斯赞叹说："我们在卢梭那里不仅已经可以看到那种和马克思《资本论》中所遵循的完全相同的思想进程，而且还在他的详细叙述中可以看到和马克思所使用的完全相同的整整一系列辩证的说法。"① 在这里，我们看到卢梭具有一种与马克思类似的国家价值认同观，即把国家视为统治阶级的工具。

既然卢梭通过这种方式解释了人类政治的起源，那么他在《社会契约论》中就没有必要再去重新解释这个起源了。英国学者迈克尔·莱斯诺夫把近代以来的社会契约论划分为三种类型：自然契约、理想契约和假想契约。② 须知，卢梭的《社会契约论》不是为了说明国家的起源，而是为了标举人类政治史的发展方向，即未来的政治应该是怎么样的。

卢梭在《社会契约论》的第二段就指出：

> 社会秩序乃是为其他一切权利提供了基础的一项神圣权利。然而这项权利……是建立在约定之上的。问题在于懂得这些约定是什么。③

在这段话中，自然状态、自然权利、自然法和原初契约被砍掉了前三者，只剩下了在《论不平等》中被扭曲的原初契约。换言之，《社会契约论》是要恢复之前被不平等的经济条件破坏的社会契约，使之平等。当自然不在其契约论的构想之内时，人的自然权利与公共权力之间的二元分立就不复存在了。

"人是生而自由的，但却无往不在枷锁之中。"④ 作为自然意义上的人是自由的，完全根据其禀赋而生存，而当他一旦进入社会之后，犹如进入了一个枷锁，便永远不能自由了。好的政治只是将枷锁变成了花环。

> 好的社会制度是这样的制度：它知道如何才能够最好地使人改变

---

① 《马克思恩格斯选集》第3卷，人民出版社，1972，第179~180页。
② 参见〔英〕莱斯诺夫等《社会契约论》，刘训练等译，江苏人民出版社，2006，第85页。
③ 〔法〕卢梭：《社会契约论》，何兆武译，商务印书馆，1980，第8~9页。
④ 〔法〕卢梭：《社会契约论》，何兆武译，商务印书馆，1980，第8页。

他的天性，如何才能够剥夺他的绝对的存在，而给他以相对的存在，并且把"我"转移到共同体中去，以便使个人不再把自己看作一个独立的人，而只看作共同体的一部分。[①]

自然自由在人类社会诞生的那一刻起就不复存在了，《社会契约论》要建立人的约定自由，即政治自由。正因如此，卢梭才会说出"任何人拒不服从公意的，全体就要迫使他服从公意。这恰好就是说，人们要迫使他自由"[②] 这样的话。

准此，在霍布斯及其他古典自由主义者那里，国家不过是实现个人幸福的工具，只有工具效用的价值；而卢梭在《社会契约论》中却重新恢复了国家的实体价值。或者说，卢梭《论不平等》与《社会契约论》中关于两种国家的两种价值认同，分别为马克思和黑格尔继承。然而，即便是《社会契约论》中的国家价值认同，也不再像古代人那样是基于自然目的的了，它不如说是历史的产物。黑格尔便把这点推到了极致：一方面，对于个人而言，国家是最高的伦理实体；另一方面，国家又是绝对精神自我实现的工具，也可以说，它是历史不自觉的工具。

3. 当代自由主义与社群主义的国家价值认同

霍布斯鲍姆把 1789～1848 年的这段历史称为"革命的年代"，又把 1848～1875 年称为"资本的年代"。对于欧洲而言，1848 年前后的革命具有真正的转折意义。"如果不是发生了这场革命，如果不是害怕再次发生这样的革命，其后 25 年的欧洲历史或许会截然不同。"[③] 关于 1848 年以前资本主义高速发展的历史，霍布斯鲍姆说道：

无疑，这些成就都有其阴暗面，尽管无法轻易从统计表格中归纳出来。人们如何以计量的方式来表达那些今天已很少有人会否认的事实，像是工业革命创造了人类曾居住过的最丑陋环境，例如曼彻斯特后街曾经历过的邪恶腐臭与满天废气；或是工业革命创造了最悲惨的

---

① 〔法〕卢梭：《爱弥儿》，李平沤译，商务印书馆，2017，第 10 页。
② 〔法〕卢梭：《爱弥儿》，李平沤译，商务印书馆，2017，第 29 页。
③ 〔英〕霍布斯鲍姆：《资本的年代：1848—1875》，张晓华等译，江苏人民出版社，1999，第 5 页。

世界，它将数量空前的男女赶出家园，使他们失去生命。①

与之形成鲜明对照：

> 大多数先进国家中的自由主义、民主激进主义和民族主义，尽管不包括"社会共和主义"，他们的政治要求逐步得以实现，没有遭遇到重大的内部动荡；而且，欧洲大陆先进地区的社会结构已证明它们能够抵挡 20 世纪大灾难的打击，至少直到目前为止（1977 年）是如此。②

可以说，正是 19 世纪中期的革命奠定了欧洲社会的基本原则，这条原则直到 20 世纪 70 年代还没有受到真正的内部挑战（不包括国际共产主义运动的外部挑战），其间甚至经历了两次世界大战。

从政治思想史的角度看，其中重要的一环就是古典自由主义（Classical liberalism）向现代自由主义（New liberalism）的转变。③

素来主张放任主义的赫伯特·斯宾塞曾痛斥道：

> 只需要提醒众人过去的自由主义是什么，他们就会觉察到它与现今所谓的自由主义的不同。……他们已经忘却，在这方面或那方面，它们削弱了政府的权力范围，扩大了公民能自由行为的领域之范围。他们已经忘记这一事实：过去，自由主义惯常支持的是个人自由，反对国家强制力。④

---

① 〔英〕艾瑞克·霍布斯鲍姆：《革命的年代：1789—1848》，王章辉等译，江苏人民出版社，1999，第 404 页。
② 〔英〕艾瑞克·霍布斯鲍姆：《资本的年代：1848—1875》，张晓华等译，江苏人民出版社，1999，第 32 页。
③ 首先要区分一对术语——"New liberalism"和"Neo-liberalism"。许多人常常不加区分地统统用"新自由主义"翻译之，殊不知单词"New"和前缀"Neo-"非常不同。前者指称"新的""不同于以往的"东西，而后者则往往有"复兴（古典）"的意味。是故本书赞成有些学者把前者译为"现代自由主义"，把后者译为"新自由主义"。
④ 〔英〕斯宾塞：《国家权力与个人自由》，谭小勤等译，华夏出版社，2000，第 6 页。

　　按照古典自由主义的看法，个人自由与国家权力是二元对立的，国家是"必要的恶"。既然是恶，就需要把其限制在最小的范围内，国家只是市场的守夜人。而功利主义却改变了这条原则。按照其"最大功利"原则，国家有义务实现绝大多数人的最大幸福。这就松动了个人与国家之间的二元对立。

　　卡尔·施米特曾告诫说，自由主义和民主原本相互对立，前者鼓吹精英统治，后者强调平等及同一性。然而这一对冤家居然从19世纪中期起逐渐合流了。① 功利主义者鼓吹"每个人都有追求自己幸福的自由"的原则促使法律的控制进一步放宽，扩大了立法的范围，提供了更多参与政治的机会，"他（约翰·密尔）在他的著作《论自由》和《论妇女受压制》中，坚持个人要有最充分的可能的权利，因为他认为社会福利必然和个人福利紧密地相联系。他指出'对人和社会来说，性格类型应有巨大差异的重要性，以及给人性在无数和相互冲突的方向上以充分的自由来发展的重要性'，而且他认为压制妇女对社会的损失比对妇女更大"②。诚然，功利主义并没有在根本上改变古典自由主义的工具性的国家价值认同观，但这种作为工具的国家显然要积极得多，它不再只是"必要的恶"，它还可以行善。

　　民主化倾向于平等政治，而不是自由政治，它带来的社会福利政策必然压低所谓的市场自由。这当然会引发古典自由主义的反弹。乔姆斯基指出："新自由主义是在亚当·斯密古典自由主义思想基础上建立起来的一个新的理论体系……强调以市场为导向，是一个包含一系列有关全球秩序和主张贸易自由化、价格市场化、私有化观点的理论和思想体系。"③ 这里，他指出了新自由主义的理论来源与时代背景。1920年，米塞斯的《社会主义国家的经济计算》出版。1944年，哈耶克以此为基础出版了《通往奴役之路》。1947年，以米塞斯、哈耶克等为代表的右翼思想家发起朝圣山学会，标志着新自由主义以抱团的形式正式问世。所谓"Neo-liberalism"就是要恢复那个被现代自由主义、社会改良主义所压制的古典市场自由。

---

① 参见〔德〕卡尔·施米特《当今议会制的思想史状况》，《政治的浪漫派》，冯克利、刘锋译，上海人民出版社，2004，第157~158页。
② 〔美〕梯利著，伍德增补《西方哲学史》，葛力译，商务印书馆，2015，第581~582页。
③ 〔美〕诺姆·乔姆斯基：《新自由主义和全球秩序》，徐海铭、季海宏译，江苏人民出版社，2000，第3页。

直到 20 世纪 70 年代以前，这种思想在主要西方国家仍然处于非官方的状态，是 20 世纪 70 年代的经济危机让其有大展拳脚的机会。按照凯恩斯的看法，古典自由主义专重于生产端，似乎只要提供足够的供给就能充分实现就业，这不啻是一种市场神话，即相信只要凭借市场就能达到供需平衡。为了矫正这种错误，国家需要扩大福利以推动消费，通过消费来刺激市场。与之针锋相对，新自由主义重镇芝加哥学派则提出"政府失灵"和"供给学说"。关于凯恩斯主义和芝加哥学派在经济政策上的分歧，这里不遑赘述。我们须看到，无论是哪种自由主义，都在着力于国家和市民社会（市场）的关系。古典自由主义和新自由主义强调市场交换的正义，而现代自由主义和社会改良主义则重于财富分配的正义，国家只不过是其实现各自正义目标的手段。

例如，休谟的人性论有一个重要的附加条件，即资源的相对稀缺。如果资源是绝对稀缺的，则不可能出现财富分配问题，也当然就不会出现政治问题。如果资源是极为丰富的，就好比马克思笔下的共产主义，也无须出现分配了。这是罗尔斯《正义论》的重要支点。他的正义原则有以下两条：

第一个原则：每个人对与其他人所拥有的最广泛的基本自由体系相容的类似自由体系都应有一种平等的权利。

第二个原则：社会的和经济的不平等应这样安排，使它们被合理地期望适合于每一个人的利益；并且依系于地位和职务向所有人开放。①

第一原则即平等原则，是新自由主义认同的基本原则。然而罗尔斯却认为，第一原则并不是都可以接受的，必须要以第二原则，即差异原则作为补充。这是对现代自由主义政治正义原则的最好总结。②

尽管《正义论》为罗尔斯带来了巨大的声誉，但也使其遭到了众多批

---

① 〔美〕罗尔斯：《正义论》，何怀宏等译，中国社会科学出版社，1988，第56页。
② 诸如俞可平、姚大志等人皆将罗尔斯的自由主义称为"新自由主义"，这实际上对应的是"New liberalism"而不是"Neo-liberalism"。而本书所称的"新自由主义"一律对应"Neo-liberalism"。

评。右翼如自由意志主义的诺齐克，来自左翼的挑战除了马克思主义以外，当属社群主义。

按照黑格尔《法哲学原则》的篇章结构，分为三个部分：①抽象法；②道德；③伦理。黑格尔具体解释说：

> 道德和伦理在习惯上几乎是当作同义词来用……仍然不妨把既经称为不同的用语对不同的概念来加以使用。[①]

道德是完全依据于自由意志的。黑格尔质疑的是，人怎么可能有超越于实体而具有抽象的自由意志？人的自由不在于超越实体，这种所谓的自由不过就是任性，人的自由在于把握实体的必然性。准此，康德的道德律仍然是抽象的、任意的，道德只有内在于伦理实体中，才具有现实性。

这个逻辑正是社群主义者如迈克尔·桑德尔、查尔斯·泰勒的逻辑。正义的原则不能超越于具体的社会认同环境，正义内在于善，而不是外在于善。

并且，在《法哲学原理》中，伦理可分为：家庭（血缘共同体）、市民社会、国家。

> 伦理的最初定在又是某种自然的东西，它采取爱和感觉的形式；这就是家庭。……家庭崩溃了，它的成员都作为独立自主的人来互相对待，因为相需求成为联系他们的唯一纽带了。[②]

应看到，道德—伦理或正义—善，是与市民社会—国家具有对应性的。"人们往往把这一阶段即市民社会看作国家……"，英美自由主义只是把国家看作市场的手段，殊不知国家才是市民社会的目的，是市民社会的伦理现实。

于此，黑格尔多多少少恢复了国家的实体性，使它成为人的目的，而不再是手段。然而，他眼中的国家并不是建基于自然目的之上的，而是建

---

① 〔德〕黑格尔：《法哲学原理》，范扬、张企泰译，商务印书馆，1961，第42页。
② 〔德〕黑格尔：《法哲学原理》，范扬、张企泰译，商务印书馆，1961，第43页。

立在历史之上的,人并不天生就是政治的动物,政治的动物是一种历史的必然。历史既然能实现国家,又岂不能扬弃国家呢?马克思不正是在黑格尔历史运动观的基础之上批判了国家吗?

进而言之,尽管社群主义者不再像黑格尔那样有一种体系论或历史目的论的思维方式,但他们的善和共同体也不是自然的目的,而是认同的结果。

综上所述,我们可以把西方历史上的国家价值认同观划分为两极:一极是彻底的工具论;一极是彻底的实体论。前者如古典自由主义、马克思主义:一者将国家作为实现个人利益的工具,试图将这"必要的恶"限制在最小的范围内;一者则将国家视为统治阶级的工具,也是历史不自觉的工具,必将为历史淘汰。后者如古希腊哲人,他们将城邦视为人的自然目的,是公民必须要投身其中的地方。处于这两极之间的有两种国家价值认同形态:温和的工具论和温和的实体论。前者如现代自由主义者,他们至少不把国家看成是恶的了,国家在必要时还可以为善,但归根结底它仍是个人的工具。后者则如黑格尔和社群主义者,尽管黑格尔的国家实体观看起来很强硬,但国家毕竟是历史建构的结果,而不是天然就有的;在社群主义那里,则成为认同建构的结果。

(三) 马克思主义关于国家认同的价值理念

在马克思主义理论宝库中,马克思主义经典作家对国家的产生,如何看待国家,国家存在的基础前提及其价值进行了深刻论述,为后续无产阶级夺取政权、处理对内对外关系提供了重要理论支撑,也为国家认同培育提供了重要的理论基础。

关于国家的产生,恩格斯在《家庭、私有制和国家的起源》一文中通过人类学来梳理了人类从蒙昧时代到野蛮时代再到文明时代的历史发展进程。恩格斯以家庭婚姻制度的发展为起点,详细考察了家庭关系的发展,揭示了随着私有制的出现,国家代替氏族社会的历史必然性。家庭是国家和社会发展的细胞,国家的背后隐藏的是劳动分工和阶级对立,"国家并不是从来就有的。曾经有过不需要国家,而且根本不知国家和国家权力为何物的社会。在经济发展到一定阶段而必然使社会分裂为阶级时,国家就由于这种分裂而成为必要了"①。国家的价值就在于能消解家庭及其私有制所带来的劳动分工和阶级斗争的矛盾。具体表现在以下几个方面。

1. 一切价值观念都根源于人们的经济关系

《德意志意识形态》一文首次系统地阐述了唯物史观的理论，也从宏观上展现了马克思国家共识的理论架构。在马克思看来，"人们为了能够'创造历史'，必须能够生活。但是为了生活，首先就需要吃喝住穿以及其他一些东西。因此第一个历史活动就是生产满足这些需要的资料，即生产物质生活本身"②。在物质生成过程中"人们按照自己的物质生产率建立相应的社会关系，正是这些人又按照自己的社会关系创造了相应的原理、观念和范畴"③。任何观念都根源于人们所处的社会关系特别是经济关系。经济关系不同，意味着人们在所有制关系中所处的地位不同、经济利益不同，由此产生的价值观念也会有所不同。只有从经济关系出发，才能深刻揭示包括价值认同在内的价值观念的根源。在《关于费尔巴哈的提纲》一文中，马克思完成了对旧唯物主义的批判和清算，为新世界观的创立奠定了彻底的唯物主义立场。马克思从现实的感性实践活动来研究一切社会问题。马克思批判从前的旧哲学"不了解'革命的'、'实践批判的'活动的意义"④，指出"全部社会生活在本质上是实践的"⑤。由此马克思将价值认同论奠定在物质生产实践基础之上，进一步明确了价值认同论的现实根基。

人们所处的经济关系是其价值观念产生的客观来源，人们的价值观念是其经济关系的反映。离开一定的经济关系，人们的价值观念就无从产生。正如恩格斯所说："人们自觉地或不自觉地，归根到底总是从他们阶级地位所依据的实际关系中——从他们进行生产和交换的经济关系中，获得自己的伦理观念。"⑥

回顾人类社会的发展历程，可以很好地说明上述结论。众所周知，在原始社会，生产力水平极其低下，生产资料只有纯粹的公有制，没有私有

---

① 《马克思恩格斯文集》第4卷，人民出版社，2009，第193页。
② 《马克思恩格斯文集》第1卷，人民出版社，2009，第531页。
③ 《马克思恩格斯文集》第1卷，人民出版社，2009，第603页。
④ 《马克思恩格斯文集》第1卷，人民出版社，2009，第499页。
⑤ 《马克思恩格斯文集》第1卷，人民出版社，2009，第501页。
⑥ 《马克思恩格斯文集》第9卷，人民出版社，2009，第99页。

制，原始人以部落或氏族的形式共同占有生产资料，大家集体劳动、共同享有，在此基础上产生了维护氏族部落共同利益的朴素的公有观念。随着社会生产力的发展，原始氏族部落逐步瓦解，剩余产品出现，人类社会便产生了私有制，于是人们的价值观念也随之变化。以私有制为基础的奴隶社会、封建社会、资本主义社会，其价值观念集中体现了私有制的经济关系，尤其是到了资本主义社会，逐渐形成了极端利己主义的价值理念。马克思考察了资本主义社会的现实，看到了资产阶级与无产阶级矛盾的根本对立，剖析了资本主义社会价值认同的虚幻性，资产阶级出于自己的阶级利益总是把个别意志赋予普遍的形式，打着共同利益之名行私人利益之实，资本主义社会的国家机器完全成了为私有制辩护的工具。虚幻价值认同是资本主义私有制条件下阶级对立的产物，由此可见，基于奴隶社会、封建社会、资本主义社会的私有制社会，其价值观念在具体表现上分别打上了与之相对应的所有制形式的印迹。

社会主义社会消灭了一切剥削阶级和剥削制度，铲除了一切剥削和压迫的社会根基，实行生产资料公有制，整个社会的生产完全是为了满足人民日益增长的美好生活的需要。由此，社会主义社会人们形成了与之相适应的"公有"价值观念，如共享发展、共同富裕、为人民服务等价值理念。这完全是适应社会主义公有制为主体的经济关系的价值观念，生动体现了公有制形式下集体主义的价值原则。

由此可见，人们的价值观念都是由人们所处社会的经济关系决定的，作为价值观念的价值认同同样如此，因而考察价值认同必须立足于特定社会发展阶段的经济关系。人们所处的经济关系不同，所形成的价值认同的性质就会不同。在公有制的经济关系中，共同占有生产资料的物质基础保证了个人利益与共同利益的一致性，人们就会自愿地为共同利益的实现而齐心协力，从而容易形成价值认同。在私有制的社会中，每个人都在努力追求私人利益的最大化，从而导致了私人利益与公共利益严重分裂，人们之间就很难形成价值认同，即使在一定的时期内达成了认识上的一致性，充其量只是虚幻的价值认同，最终逃脱不了价值观分裂的命运。由此可见，社会的经济关系特别是所有制关系直接决定生活于其中的人们的价值认同的性质，这正是马克思研究价值观念历史发展的逻辑线索。

2. 国家是价值认同存在的基本场域

国家是人类生存和发展到一定阶段的基本组织方式，是价值认同得以存在的基本场域。因为个体之间只有以一定的方式组成共同体才能进行生产活动，无数个共同体生产单元构成了国家，也只有在国家中无数个共同体彼此之间才能建立一定的社会关系和政治关系，形成稳定的共同体，从而形成国家力量。正如马克思所言："人不是抽象的蛰居于世界之外的存在物。人就是人的世界，就是国家，社会。"① 人是社会性存在，任何个人都不可能脱离他人而成为完全独立的个体，总是通过自身的活动不断创造出与他人的联系，自觉或者不自觉地加入到群体的共同活动中，从而构建出人类社会生活的共同体。在此意义上，马克思指出："人的本质是人的真正的共同体。"② 作为人的社会性存在同样也离不开国家，国家价值共识存续的必要条件。在现代社会，人只有生活在国家共同体中，个人才能不断超越个体本身，从而去关注整个群体乃至整个人类的利益和需求，形成"命运与共"的价值取向。从这个意义上看，国家是价值认同存在的基本场域。

首先，国家是人们以共同利益为纽带而结成的群体活动方式。每一个体都希望借助国家的力量来保障和实现个人利益。为此，国家中的人们针对共同事务的管理会经常开展一系列公共活动，共同讨论、协商、共同决策。为了保障个人利益的实现，每个人都会积极发表自己的观点和看法，进行激烈的讨论，通过相互对话、沟通、交流和协商，促进人们之间的相互理解和认同，以便达成价值观念、思想意识的趋同性和一致性。

其次，国家的规章制度和价值准则是国家成员共同的价值遵循。现代社会公民是构成国家的基本要素，从事生产活动是人存在的基本形式，每一种生产活动都需要一定的组织形式及其对应的规章制度和更深层次的法律制度。任何一个国家一经建立，为了维护自身的长期稳定发展和增强国家的社会凝聚力，就会利用自身的公共权力制定一系列规章制度和价值准则，并通过一定的手段或说服或迫使国民普遍认同和接受，最终成为国家意志层面的价值认同。

最后，国家通过文化的创造和传承铸就价值共识。劳动者首先创造文

① 《马克思恩格斯文集》第 1 卷，人民出版社，2009，第 3 页。
② 《马克思恩格斯全集》第 3 卷，人民出版社，2002，第 394 页。

化，人们在改造世界的活动中，不断创造出物质文化和精神文化，成为全体国民共有的物质财富和精神财富。国民在共同文化的认同中，形成强大的精神合力，并在实践中不断把这些文化精神发扬光大。同时国家鼓励文化的传承和发展，推进文化的延续和进步，以实现国民对国家的历史认同和文化认同。这些文化构成了特定的文化共同体，代表着共同体的精神特质，表征着共同体成员共同的历史、共同的身份、共同的风俗习惯、共同的利益和需求，是国家成员价值认同的生动体现。

3. 实现每个人的自由全面发展是马克思价值共识论的逻辑旨归

在完成了对自由主义价值共识观的批判之后，马克思开始了科学国家价值论的构建和阐发。通过《1844 年经济学哲学手稿》《神圣家族》《关于费尔巴哈的提纲》《德意志意识形态》《共产党宣言》等经典著作，马克思展现了国家价值论的完整体系和基本内容，标志着科学唯物史观论的最终确立。在《1844 年经济学哲学手稿》中，马克思首次将实现人的自由解放这一价值共识的最终目标诉诸真实的历史境遇，进行了较为深刻的阐发。马克思剖析了资本主义私有制所导致的异化现象，追溯了虚幻价值共识产生的根源。异化劳动使劳动者丧失了自由的本性，表征人自由本性的劳动变成了压迫、奴役劳动者的工具和手段，劳动者从劳动中得到的不是快乐、财富和自由，而是痛苦、贫困和压迫。劳动的异化造成了人同人的本质、人与人相异化，社会也由此分化出两个对立的阶级：有产者和无产者。在此，马克思深入全部社会问题的最深层次——经济根源来揭示市民社会价值共识的虚伪性，进而明确了"共产主义是私有财产即人的自我异化的积极的扬弃，因而是通过人并且是为了人而对人的本质的真正占有；因此，它是人向自身、向社会的即合乎人性的人的复归"，这种共产主义是"人和自然界之间、人和人之间的矛盾的真正解决"①。马克思初步找到了实现价值共识的路径以及对未来社会真实的价值共识进行了理论预设。在马克思看来，扬弃资本主义私有制，彻底铲除虚幻价值共识的社会根基，实现人类普遍解放和自由，这是实现真实价值共识的根本途径。在《神圣家族》一文中，马克思着眼于唯物史观立场，把人的本质与无产阶级生活的现实条件充分结合起来，通过对私有制条件下无产阶级生活的非人处境的考察，

---

① 《马克思恩格斯文集》第 1 卷，人民出版社，2009，第 185 页。

明确了无产阶级"自己解放自己"的历史任务。

在《德意志意识形态》马克思指出，"'解放'是一种历史活动，而不是思想活动"①。这一表述更加明确了人的解放这一历史过程，给人们提供了一种新的思维方式，反映在国家价值论上就是把价值共识的形成看作一项历史活动，置于人类社会历史发展过程进行实际考察。据此马克思把人类社会划分为三种形态：人的依赖性社会、物的依赖性社会、每个人自由全面发展的社会。众所周知，第三种形态是人的发展的最高阶段，实质上就是共产主义社会。这样国家的价值从维护阶级利益到无产阶级专政再到共产主义的实现，完成了它的历史使命。众所周知，共产主义社会，生产力高度发达，社会财富充分涌流，生产资料私有制彻底消亡，取而代之的是全民所有制，全体社会成员共同占有生产资料，阶级消亡、国家消亡，一切阻碍人自由发展的因素都将不复存在了，整个社会完全是一个自由人的联合体。在"自由人联合体"中，每个人都是自由平等的，每一个体的个人利益都将得到充分实现，人与人之间不存在任何的利益矛盾和冲突，个人利益与联合体的共同利益高度统一，在此基础上人类形成真实的价值共识——个人利益与共同利益的完全统一，人与自然、人与人的完全和解，每个人自由而全面的发展，全人类解放，"我为人人、人人为我"的集体主义精神。

在马克思看来，要实现这一目标，最关键的就是要实现每个人的"劳动自由"，这是人之为人的最根本体现。然而，在资本主义社会，个人的劳动受资本的支配和奴役，长期处于资本的剥削和压迫之中，要突破这种局限，1848年《共产党宣言》的发表标志着马克思主义的公开问世。马克思以无产阶级作为物质基础，立足无产阶级的革命实践，指明人类自由解放的现实路径。《共产党宣言》是实现无产阶级价值共识的一面科学的理论旗帜。之后一场席卷欧洲大陆的资产阶级民主革命便爆发了。在总结1848年革命的教训时，马克思深刻认识到：无产阶级要想获得自身的解放，必须推翻资产阶级，实行无产阶级专政。至此，代表全体人民价值共识的无产阶级专政的概念被首次提了出来，这是马克思价值共识论发展过程中一个质的飞跃，标志着马克思对资本主义社会虚幻价值共识进行了彻底批判，

---

① 《马克思恩格斯文集》第1卷，人民出版社，2009，第527页。

找到无产阶级实现价值共识的新型政治形式，为人民真实价值共识的实现进行了科学的制度预设。这样国家的价值从维护阶级利益到无产阶级专政再到共产主义的实现，完成了它的历史使命。

二　国家认同价值研究现状

人类对政治理想的追求和探讨从来没有停止过，亚里士多德说："人是天生的政治动物。"西方先哲从启蒙时代开始就给政治赋予了很高的价值地位。以先秦诸子百家为开端的中国先哲以"道"为切入点探求理想社会蓝图。千百年来，国内外无数先哲都在不懈地探寻实现国家统一的根本价值，他们为后人留下了宝贵的思想财富，也为现代学者的研究提供了丰富的材料。当代国家认同研究基于实践层面的研究居多，从意义层面研究的较少，即研究国家认同的较多，研究国家认同价值的较少，前者注重国家治理的实践层面的价值，后者反映的是国家治理指导层面的价值，是国家认同的意义系统的体现。

（一）国家认同政治学角度研究

国外研究国家认同始于阿尔蒙德和鲍威尔。他们论述了"国家的认同意识问题"并第一次把认同置于国家层面研究，指出国家认同问题是"对政治共同体的支持问题"①。另外一位具有代表性的学者鲁恂·W. 派伊，也认为认同与国家相关，他在《政治发展面面观》一书中指出，政治"第一个也是最根本的一个危机是由认同感的获得引发的。一个新国家中的人民必须把他们的国家领土视为家园，他们必须认识到作为个人他们的人格认同在某种程度上是被其按领土划界的国家的认同定义的"②。显然，鲁恂·W. 派伊对国家认同的理解偏重地理意义上的认同。塞缪尔·亨廷顿在《我们是谁？——美国国家特性面临的挑战》③ 一书中更是把国家认同当作核心

---

① 〔美〕加布里埃尔·A. 阿尔蒙德、小 G. 宾厄姆·鲍威尔：《比较政治学：体系、过程和政策》，曹沛霖等译，上海译文出版社，1987，第 38 页。
② 〔美〕鲁恂·W. 派伊：《政治发展面面观》，任晓、王元译，天津人民出版社，2009，第 81 页。
③ 参见〔美〕塞缪尔·亨廷顿《我们是谁？——美国国家特性面临的挑战》，程克雄译，新华出版社，2005，第 8~10 页。

词语使用，他也从政治的角度谈国家认同，强调多民族国家中国家认同的重要性。

国内学者周平认为，国家认同是一个政治文化现象，这种政治文化现象总是以问题的形式凸显出来，并存在于多民族国家政治共同体内的民族群体之中，是一种"集体忠诚冲突"①。贺金瑞、燕继荣从民族政治文化角度出发认为社会变革时期是民族认同到国家认同最容易产生甚至激化各种矛盾的时期。② 而肖滨、李素华把国家认同看作一种政治权力认同：肖滨认为公民对国家的认同遵循两种进路，即公民对国家共同体（country/nation）的认同和对国家政权系统（state）的认同，这是公民身份与国家认同匹配的逻辑基础；③ 李素华在《政治认同的辨析》中认为，从公民层面讲公民对某种政治权力的认同，是公民承认、赞同和同意一个稳定的政治体系，从国家层面讲是一个国家执政的政治权力如何获得所需要的认同。④ 肖滨、李素华的研究虽然论证了国家认同在公民身份和政治权力上的基本形态的呈现，但是缺乏对国家认同多元因子的开发以及共同体与个体之间双向互动的描绘。⑤ 不管是政治文化认同还是政治权力认同，在他们看来解决这种矛盾的关键是国家认同，通过以国家认同为导向的政策调整，推动各民族与国家的互动，实现民族对国家的文化认同和政治认同。

（二）国家认同文化心理角度研究

在西方，从文化角度看待国家认同，最早源于弗洛伊德个人式的、"本能冲动式的"⑥ 认同的研究。虽然他研究的认同没有涉及国家的概念，但是他为国家认同的研究从心理文化的角度开辟了道路。心理学家埃里克·埃

---

① 参见周平《多民族国家的国家认同问题分析》，《政治学研究》2013 年第 1 期。

② 贺金瑞、燕继荣：《论从民族认同到国家认同》，《中央民族大学学报》（哲学社会科学版）2008 年第 3 期。

③ 参见肖滨《公民认同国家的逻辑进路与现实图景——兼答对"匹配论"的若干质疑》，《中山大学学报》（社会科学版）2011 年第 4 期。

④ 李素华：《政治认同的辨析》，《当代亚太》2005 年第 12 期，第 15～22 页。

⑤ 参见金太军、姚虎《国家认同：全球化视野下的结构性分析》，《中国社会科学》2014 年第 6 期。

⑥ 参见〔美〕汉娜·阿伦特《公共领域和私人领域》，刘峰译，汪晖、陈燕谷主编《文化与公共性》，生活·读书·新知三联书店，1998，第 58 页。

里克森认为，认同是一种获得他人认可的自信。① 吉登斯则认为，认同是对自身历史文化的存在的认可。② 泰勒从"我是谁"的追问开始，研究认同的民族性与国家性。③ 涂尔干则指出认同是一种被称为"集体意识"的存在，是一个共同体的构建问题。④ 斯图亚特·霍尔从文化认同的主体出发，提出后殖民文化认同理论。⑤ 后现代主义学者坚持一种"解构式的"认同观，是一种把异质性向同质性转化的过程，在此过程中考虑强调人们所处的历史和文化背景的重要性。⑥ 曼纽尔·卡斯特在《认同的力量》中分析网络化社会所面对的国家认同是文化认同问题，认为网络文化对人们的经验系统和意义系统都带来巨大的挑战。⑦

国内研究方面，李慎之和何家栋认为：国家危机本质是"文化危机"⑧，即旧有的道德秩序崩溃，新的道德秩序未建，文化出现断层。崔新建从文化的"构成性"角度分析研究文化认同的真正根源。⑨ 韩震认为"文化认同是冷战结束后意识形态的新形式"⑩，强调文化在意识形态上的重要性，提出文化认同将是影响政治、民族、国家的纽带。袁祖社认为"文化认同的危机实质上是文化'公共性'观念的危机"⑪。赵剑英、干春松认为当前文

---

① 转引自〔美〕赫根汉《人格心理学导论》，何瑾、冯增俊译，海南人民出版社，1988，第162页。

② 参见〔英〕安东尼·吉登斯《现代性与自我认同：现代晚期的自我与社会》，赵旭东、方文译，生活·读书·新知三联书店，1998，第58页。

③ 参见〔加拿大〕查尔斯·泰勒《自我的根源：现代认同的形成》，韩震等译，译林出版社，2001，第37页。

④ 参见〔法〕埃米尔·涂尔干《社会分工论》，渠东译，生活·读书·新知三联出版社，2000，第42页。

⑤ 参见〔英〕斯图亚特·霍尔《文化身份与族裔散居》，罗钢、刘象愚主编《文化研究读本》，中国社会科学出版社，2000，第209页。

⑥ 参见〔美〕道格拉斯·凯尔纳、斯蒂文·贝斯特《后现代理论——批判性的质疑》，张志斌译，中央编译出版社，1999年，第288页。

⑦ 参见〔美〕曼纽尔·卡斯特《认同的力量》，曹荣湘译，社会科学文献出版社，2006。

⑧ 参见李慎之、何家栋《世界已经进入全球化时代》，《中国的道路》，南方日报出版社，2000，第148页。

⑨ 参见崔新建《文化认同及其根源》，《北京师范大学学报》（社会科学版）2004年第4期。

⑩ 参见韩震《论全球化进程中的多重文化认同》，《求是学刊》2005年第5期。

⑪ 参见袁祖社《"人是谁?"抑或"我们是谁?"—全球化与主体自我认同的逻辑》，《马克思主义与现实》2010年第2期。

化危机主要是中国传统文化和政党倡导的主流文化的和谐问题。①

（三）国家认同民族角度研究

国外关于民族认同的理论很多，如安德森所著《想象的共同体：民族主义的起源与散布》从民族情感和文化根源的角度，探讨民族属性的、全球各地的想象的共同体。② 本书主要介绍国内的研究情况。国内单纯研究国家认同的不多，费孝通先生在《中华民族的多元一体格局》③ 一书中从民族学的视角，提出我国各民族在历史的长河之中流动、交融、汇集，形成了"多元一体"的中华民族，为我国的国家认同的建构提供了思路指向。其后许多学者沿此框架从民族认同到中华民族认同再到国家认同的角度研究国家认同，他们大多从发生学角度探讨中华民族交往交流交融过程对国家认同的影响。万明钢"从藏族、汉族、回族等在校大、中学生的日常交往和平时的生活习惯入手，依次探讨了不同民族之间的学生存在的民族认同问题，并系统地分析了如何适应文化教育问题"④。佐斌、秦向荣认为民族认同和中华民族认同是双重认同，即认为中华民族认同就是中华民族中的成员对中华民族归属的认知和感情归属。⑤ 史慧颖等人认为民族认同是各民族个体对自己单一民族成员身份和国家民族成员身份双重承认的和谐统一。⑥ 钱雪梅认为，不论民族认同和国家认同以何种进路实现，任何试图通过削弱民族认同来构建国家认同的行为都会适得其反，为国家分裂埋下隐患。同时钱雪梅还指出民族认同与国家认同之间并没有必然的矛盾，它们是相互依存、长期共存的。⑦

① 赵剑英、干春松：《现代性与近代以来中国人的文化认同危机及重构》，《学术月刊》2005年第1期。
② 参见〔美〕本尼迪克特·安德森《想象的共同体：民族主义的起源与散布》，上海世纪出版集团、上海人民出版社，2011。
③ 费孝通：《中华民族的多元一体格局》，生活·读书·新知三联书店，2021。
④ 万明钢主编《多元文化视野：价值观与民族认同研究》，民族出版社，2006，第38页。
⑤ 佐斌、秦向荣：《中华民族认同的心理成分和形成机制》，《上海师范大学学报》（哲学社会科学版）2011年第4期。
⑥ 史慧颖、范丰慧、张劲梅等：《西南地区少数民族大学生民族认同内隐维度的调查》，西南大学西南民族教育与心理研究中心、美国伊利诺大学东亚及太平洋研究中心：《百川横流：全球化背景下的多元文化教育国际论坛论文集》，西南大学心理学院、西南大学西南民族教育和心理研究中心，2006年6月。
⑦ 钱雪梅：《从认同的基本特性看族群认同与国家认同的关系》，《民族研究》2006年第6期。

从上述代表性学者对国家认同的理解与解释中可以看出，国家认同问题是一个群体概念，具体地讲是指多民族国家中民族或族裔群体对国家合法性的认同。它是一个意识形态问题，涵盖了领土、民族或种族、政治地位、民族情绪等内容，最早讨论国家认同问题的国外学者都将国家认同问题指向多民族国家国内的民族群体。

总之，对于国家认同的研究国内外成果颇多，但大都是从社会学、民族学和政治学的角度研究国家认同，从哲学的层面研究国家认同尚属少见。对于国家认同的研究还停留在经验层面上，没有上升到真正意义上的哲学高度，对国家认同的价值理论研究缺乏哲学意义上的理性批判意识，未能建构起国家认同的价值论体系。笔者认为，国家认同的合理性问题，即国家认同的价值，是国家认同存在意义上的哲学追问，是国家认同地位的抽象和升华。作为一个哲学工作者，面对国家认同的实践期待，不能只停留在经验的解释层面，而应该给出合理的、内在的、反思性的阐释和说明，为国家认同的价值实现做出自身的创造性贡献。马克思说"哲学家们只是用不同的方式解释世界，问题在于改变世界"①，本书就是要从哲学层面分析国家认同的价值，厘清国民为什么要认同国家，认同国家的目的是什么，国民的诉求与国家的职能的辩证关系，国民在认同国家的过程中受哪些因素的影响以及国家在实现国家认同的目的时的价值理念、制度、文化、历史、地域对国民的影响，从而总结出实现国家认同的价值规律。

因此，从哲学价值论上研究国家认同的价值是必要的，这是本书的出发点也是立足点。

三 本书的角度与结构

一切与人的活动有关的看似复杂的社会问题，其根本都是价值问题。价值问题是影响我国当前发展的重要因素之一，价值方法是解决我国当前社会问题的主要方法之一。价值问题的解决就是纾解个人价值与集体价值的平衡问题，其关键是共识的达成。规范是价值的应有内涵，共识的达成需要规范的协调。道德、法律②以及爱国主义是价值评价的规范体系。国家

① 《马克思恩格斯文集》第1卷，人民出版社，2009，第502页。
② 道德和法律之外的其他规范不在国家层面，故这里不做讨论。

认同的价值构成是国家的价值目标、价值取向和价值准则，即核心价值观的指导思想。国家认同的价值研究就是对以上问题的立论。正如学者朱辉宇指出的："价值哲学研究不能满足于价值现象的简单罗列和描述，应深入考察和把握中国整体转型升级进程中具有普遍性（空间）、长期性（时间）、根本性（性质）及中国性的价值问题与规律。"①

国家认同的价值研究是对国家认同的价值思考，是对国家认同的地位和作用的抽象和升华，其目的就是研究国家认同对于主体的目的意义。国家认同是以人类文化机制和文化进程及政治发展为对象的社会现象，是国家产生以来人类特有的意识形态。马克思强调"不是意识决定生活，而是生活决定意识"②，而"全部社会生活在本质上是实践的"③，实践是社会生活的基础，是人类社会存在和发展的根本条件。因此研究国家认同的价值就要立足于历史唯物主义和辩证唯物主义的实践观。作为人类特有的生存与生活方式，主体的生活实践是一切思维的前提和基础，作为国家认同的价值研究就应该从实践出发，对经验现实的思维进行整理、概括、凝练。一是要研究国家认同实践中各种现象之间的联系和理论意义，二是要分析国家认同在历史上出现的各种原因，三是要研究国家认同的价值意义。总之，研究国家认同的价值，目的在于揭示国家认同的本质，这也是本书研究的主要内容。下面将对本书的研究角度和结构进行概述，并就研究中遇到的难点和不足进行讨论。

第一，概念的厘清。

从已有的研究看，学者们对于国家认同的价值概念研究，多强调"认同"，而未能从"国家认同"全域深刻揭示作为价值视角下的概念内涵——重点强调了是什么，而忽视了为什么，未能很好地揭示其内在的规定性，未能揭示国家认同的诸多价值认识形成的原因。而要解决这些疑虑，首先需要进行概念的界定，从学理上分析"国家认同"与"国家认同的价值"的内涵与区别，从而廓清"国家认同的价值"概念。本书即从学理上研究国家认同的价值，对国家认同的价值这一核心概念进行界定。

① 朱辉宇：《面向中国整体转型升级的价值哲学研究》，《理论探讨》2016 年第 1 期。
② 《马克思恩格斯文集》第 1 卷，人民出版社，2009，第 525 页。
③ 《马克思恩格斯文集》第 1 卷，人民出版社，2009，第 501 页。

第二，体系建构。

本书以马克思主义价值哲学为理论基础，以国家认同的价值在国家建构过程中居于什么样的地位，对国民、族群、民族的生存发展有什么样的作用为首要的基本问题，围绕国家认同的价值本质、特征、生成根源、评价和实现等方面展开阐释，通过对国家认同的价值透视和理性批判，初步建立起国家认同的价值论体系。

第三，内容结构。

基于以上视角，本书共分为五部分，主要内容如下。

绪论从选题的缘起、国内外研究现状、基础概念、国内外关于国家认同的理论述要等方面入手，主要阐释在人类历史的长河中，中外思想家在他们各自的研究领域从不同角度留下了他们对国家认同的价值思考以及马克思主义关于国家认同的价值理念。

第一章主要从国家认同的相关概念辨析、国家认同的价值概述、国家认同的价值本质三个方面展开。对国家认同的价值这个概念进行考察，分析了国家认同与国家认同的价值的联系与区别，从而给出国家认同的价值的意义及概念。

第二章分析了在国家认同的价值关系中，影响国家认同的价值生成根源，主要有内部决定因素——文化；外部保障因素——制度；动力驱动因素——需要和利益。需要是国家认同价值生成的前提，价值主体的利益是国家认同价值生成的动力。国家制度的约束性与规范性、统一性与完整性以及制度的正义性是国家认同价值生成的保障。通过文化的指向性、文化的民族传承性以及文化的纽带性说明文化是国家认同的价值生成的基因。

第三章认为，国家认同价值实现的程度取决于主体的评价，评价是价值意识朝向客体对象性的精神活动，是价值研究的重要环节，其本质在于鉴定价值主体实践的合目的性与合规律性。国家认同的价值评价是指按照一定的价值标准和国家目标，对国家认同的事实的形成和发展变化及构成的诸因素所进行的价值判断（理论或概念水平的评价），即国家认同的价值评价是在一定范围内以一定标准为依据的价值判断。本书认为，国家认同的价值评价具有复杂性、系统性、目的性和导引性等特性。

第四章涉及国家认同的价值实现论述。国家认同的价值研究其目的是实现国家认同的价值，因此必须分析其制约因素，确定其价值取向，从而提出解决办法。从根本上说，影响国家认同的价值实现的因素主要是价值主体个人的价值诉求差异、社会制度结构性不平衡、公民教育价值观念匮乏、民族主义势力抬头等，其价值取向是社会主义核心价值观思想。

在此基础上本书提出的解决路径：以构建中华民族文化认同的意识形态为核心，以加强公民的社会主义核心价值教育为导向，以加强制度建设为保障，以坚决防范和打击民族分裂势力为威慑，确保国家认同的价值实现。

基于以上研究，本书认为，国家认同的价值意识的理解是难点。"价值意识是关于价值的意识，即价值关系或价值现象在人们头脑中的反映"，"价值意识是关于主客体之间、客体是否满足主体目的、需要的价值关系的意识，是主体进行价值活动的必要前提"。① 但是受实证主义的影响，人们在潜意识中认为，一切不能接受科学验证的都是"形而上学"的空洞，② 因此认为以认识本身为对象的认识论没有意义，这种观点普遍存在。国家认同在人们的视域范围内就面临着这样的尴尬。认同是主客体的关系问题，不仅包含着主体对客体真理的把握，也包含着主体对客体或对象认识的价值意识，以及客体知识或真理对主体认识的规定。因此，厘清人的"精神"与"认识"和"知识"的关系问题，即如何理解把握"认识"这个概念的范畴和论域问题极为重要。

对于"认识"，人们通常强调精神对客观世界的反映，但是只要我们把这种理解深刻地贯彻下去，就会看到"'客观世界'并不只是人以外的世界，还应该包括人本身的存在和活动"③。既然如此，凡属于精神反映客观世界之结果，皆应从以下三个方面去理解：第一，精神反映客观情况的知识；第二，精神反映主观情况的自我意识；第三，精神反映主客体之间各种关系和相互作用的其他意识形式等。这些都应列入认识论研究的范围。按照李德顺的观点，第一个方面以知识性为代表的意识是属于客观性的、体现着客体尺度的意识，它的内容不直接成为价值判断或评价。在这个意义上，他把这一类型的意识称为"非价值意识"。第二个方面和第三个方面是以态度为代表的一类意识，是主体性的、体现着主体内在的尺度，它以

---

① 孙伟平：《价值哲学方法论》，中国社会科学出版社，2008，第100页。
② 参见李德顺《价值论：一种主体性的研究》，中国人民大学出版社，2013，第118页。
③ 李德顺：《价值论：一种主体性的研究》，中国人民大学出版社，2013，第119页。

价值判断为主要形式。因此，李德顺把这一类型的意识称为"价值意识"[①]。

价值意识是人类目的性活动的指针，是知识向人类需要转化的动力。研究客体或对象性的知识对人的有用性，即人的价值意识的产生，使得客体为人服务开辟了道路。在价值意识的引领下，人类对客观世界的认识——"知识"进行改造起了积极作用，通过技术转化为人类的目的性需要的实现开辟道路。这一转化过程构成了人类对客体或对象的"第二次实践"，即价值的实现。因而，人类对客观世界认识的"第一实践"是知识性的，体现着客体尺度的意识；而"第二次实践"是在价值意识引领下的价值实现，体现着主体内在的尺度。[②] "第一次实践"可以看作"非价值意识"的活动，而"第二次实践"就是"价值意识"的活动。"第一次实践"是寻求真理，"第二次实践"是实现价值。

$$客体（对象）\xrightarrow[认识世界]{第一次实践}知识（真理）$$

$$知识\xrightarrow[实现价值]{第二次实践}价值$$

因此，在理论上，不仅应重视以知识为载体的反映性认识活动，而且还应关注以欲望、兴趣、情绪、感情、意志、信念、信仰等传统上被置于哲学体系之外的意识现象及人的价值心理和价值观念。也正是从这个角度出发才能更加深刻地理解人的价值生活的特殊意义。国家认同的价值研究不仅研究精神反映客体或对象的知识，如国体、政体，更应着眼于精神反映主观情况的自我意识，以及精神反映主客体之间各种关系和相互作用的其他意识形式。这样才能搞清楚国家是否能够或多大程度上被认同以及对象双方把握的程度。

国家认同价值研究的难点就是首先要从哲学高度树立起国家认同的价值意识。其次从国家、社会、国民思维的全部意识中，从人的主体性的心理、思维、精神活动出发抽象概括其中的价值内容。

[①] 参见李德顺《价值论：一种主体性的研究》，中国人民大学出版社，2013，第124页。

[②] 这里讲"第一次实践""第二次实践"是就真理与价值的关系而言，并不完全指人类普遍实践。

从根本上说，国家认同问题是当前世界各民族国家不容回避的重大现实问题，特别是在多民族国家，国内民族认同与国家认同的关系问题深刻地影响着国家稳定。因此，研究国家认同的价值具有重要的理论意义和现实意义。

第一，为解决国家认同的问题提供哲学层面的理论解释。每一个多民族国家都具有相应的国家认同支持。这样的支持，是多民族国家存在和稳定的社会心理基础。本书研究的理论意义在于运用价值理论探求国家认同的价值根源，分析研究国家认同的价值本质、特征、形态、生成根源、评价和实现，梳理影响国家认同实现的历史和现实原因，为国家认同的价值实现提供科学的理论指导。

第二，推动国家认同的科学化认识。过去我们对国家认同的价值认识停留在经验和语言范式的解释层面。如国家认同是关系民族团结、国家稳定和中华民族统一的核心问题等，而从哲学层面进行的分析却略显不足。如今伴随着经济全球化、信息化的高度发展、交通工具的极大改善，空间和时间相较过去已不再是阻碍人们交往、交流、交融的主要因素。人们的思想由过去相对闭塞而变得空前活跃，价值观念和思想意识出现了前所未有的新变化。发展的不平衡、差异，部分地区现代化的滞后，传统的观念和教育，宗教势力等方面的影响给国家认同带来了极大的挑战，迫切要求对国家认同进行科学化的解释以消除国民心中的疑虑，并为国民科学地认识国家认同的价值指明方向。

第三，为我国和谐社会的建构提供理论依据。我国是一个多民族的国家，不同民族承载着不同的文化，铸牢中华民族共同体意识对国家认同具有重要价值。因此作为有 56 个民族的人口大国，构筑中华民族共有精神家园显得尤其重要。马克思、恩格斯在《德意志意识形态》一文中讲过，"一切冲突都根源于生产力和交往形式之间的矛盾"①。中华民族为解决国际争端和国内外的矛盾冲突做出了许多努力，并取得了辉煌的成就。在经济全球化、文化多元化的背景下，我国生产力发展正在高速发展，交往交流不断扩大，从学理上阐释发展中出现的诸多问题，对统一思想，消解民族矛盾，巩固国家安全与稳定，解决国家认同所面临的诸多问题提供了有益的价值导引。

---

① 《马克思恩格斯文集》第 1 卷，人民出版社，2009，第 567~568 页。

第一章　国家认同的价值视域

国家认同的价值问题，就是国家认同对社会进步和人类发展的效用和意义。在当代，要科学地认识和理解国家认同的地位和作用，就必须从理论和实际相结合的角度，思考下列问题：国民为何认同国家？在何种意义上体现国家认同的价值？如何鉴定国家认同的价值概念？国家认同的价值本质是什么？要回答以上问题就必须理解和把握国家认同的价值概念，就必须首先对其进行理论上的辩证。

第一节　国家认同的相关概念

国家认同的价值研究，研究的是国家认同的价值，这就必须对所研究对象的相关概念进行界定。下面就首先对国家、国家认同、价值、价值与认同的概念进行辨析。

一　国家的概念、本质和职能

（一）词源意义上的国家

在人类发展历史上，对于国家的理解有诸多说法，在我国，最早用"国"指称"国家"。《说文·囗部》曰："国，邦也。""国"可以理解为在一定地域生活的人们所结成的拥有主权的社会。"家"在古代指"家""家庭""大夫管辖的疆域"。《尚书》中言"天子建国，诸侯立家"，因此在古代"家""国"地位不同。后在儒家"家国同构"的思想影响下，以一国而统天下，"国家"才形成整体意义上的概念。在西方，古希腊用"*polis*"描述国家，即当时的城邦之意，指代土地、人口、政权机构等全部社会组织或团体。古罗马用"*res publica*"指称国家，意即"人民的公共事务"，它来源于古罗马共和国。英文表述国家的有三个词："*Country*" 强调人口与地域上的国家；"*Nation*" 强调民族意义上的国家；而 "*State*" 是现代西方国家所流行通用的 "国家"，其最早来自意大利思想家马基雅维里所用的 "*Statos*" 一词。现今英文、德文、法文等 "国家" 一词都源于 "*Stato*"，突出了民族政治意义上的国家。从以上考证来看，不论中国还是西方，国家的词源含义同样包含了土地、人口和政权机构等全部社会团体与组织，只是到近现代时国家才被赋予了更多的政治意义，突出强调了主权国家含义。

（二）关于国家的定义

在当代，西方民族国家政治学探讨的重点已经由对国家的本性研究转向对国家现象的描述。根据国家的历史发展过程，以及现实世界各民族国家的情况，国家应包括以下五个层次的意义：一是国家的 "地域性"，一个国家总是一定地域上的国家，国家的领土、领空、领海是构成国家的实体概念，是国家生成发展的前提；二是国家的 "公民性"，指区别于封建统治下的臣民（或公民），强调具有民主权利的现代公民，强调人民权利与国家主权的统一；三是国家 "强制权威性"，即垄断使用国家机器的暴力性；四是国家的 "主权性"，即在国家关系中独立自主的地位，主权性是被国际社会认可的国家所具有的权力；五是国家的 "政府性"，即掌管和行使国家最高权力的组织机构，政府不同于国家，它只代表国家执行意旨。

从现有的研究来看，有关 "国家" 的定义比较典型的有两类。第一类是马克思主义者的国家定义；第二类是其他现代西方研究者的国家定义，集中体现在社会中心论和国家中心论思想中。在马克思主义者如恩格斯的观念体系中，国家是在一定历史发展阶段中，当社会陷入不可解决的自我矛盾，对立面处于分裂和不可调和的矛盾中时，为使这些对立面不至于在互相冲突的斗争中把自己和社会消灭而建立的一种表面上凌驾于社会之上的力量。这一定义指明了国家的客观性和政治性特征，强调了国家的功能，即维护秩序、调解冲突，本质上 "照例是最强大的、在经济上占统治地位的阶级的国家"①。列宁也指出："国家是维护一个阶级对另一个阶级的统治

---

① 《马克思恩格斯文集》第 4 卷，人民出版社，2009，第 191 页。

的机器。"① "国家一直是从社会中分化出来的一种机构，是由一批专门从事管理、几乎专门从事管理或主要从事管理的人组成的一种机构"②。列宁对国家的理解更强调了国家的阶级性和政府的职能。

其他西方研究者认为，国家是"拥有合法使用暴力的垄断地位"的实体。马克斯·韦伯强调了国家对社会的作用："理性的国家是建立在专业官员制度和理性的法律基础之上……作为垄断合法暴力和强制机构的统治团体。"③ 以诺德林格、斯科克波尔格为代表的回归学派相对继承了马克斯·韦伯主义的国家观。斯科克波尔格则认为："国家可以看作拥有对领土和居民控制权的组织……而不是简单地反映集团、阶级或社会需求与利益。"④ 这一界定强调的是国家的社会功能，将政府结构和官员行为一并纳入国家范畴之中，一定程度上是对"国家中心论"观点的矫正。

就研究视角而言，集团理论、精英理论、多元主义和结构功能主义者，都把社会中心论作为他们研究的视角，他们擅长用社会因素分析法认识分析政治现象。他们认为，当今时代对国家的研究已转向对宪法原则及其相关法条的研究。国家或政府只是作为社会集团的一个竞争场所而存在，获胜集体凭借拥有优势资源在竞争中获取胜利，获得政府政策意向的支配权。可见，现代国家的国家决策就是在相关利益集团间进行价值分配的过程。国家的核心作用主要体现在"输入"和"输出"政策框架。⑤

那么对于如何理解国家，上面几种关于国家的理论观点是在不同历史时期、从不同的角度进行阐发的，每一种观点或理论都有它自在的逻辑性和合理内核，但是它们都将国家与其他领域隔离开来。要想全面了解现时代的国家，理解国家内生的特征，就必须发展出对过程的关注。学者王海明指出，国家是一个复杂的概念，这种关注要从国家与社会的关系网开始。

---

① 列宁：《列宁论马克思恩格斯及马克思主义》，人民出版社，1973，第396页。

② 《列宁选集》第4卷，人民出版社，1995，第30页。

③ 〔德〕马克斯·韦伯：《经济与社会》下，林荣远译，商务印书馆，1997，第730页，转引自何俊志、杨季星《社会中心论、国家中心论与制度中心论——当代西方政治科学的视角转换》，《天津社会科学》2003年第2期。

④ Theda Skocpol, Bringthe State Bacl in, *Strategies of Analysis in Current Research*, Cambridge: Cambridge University Press, 1985, p. 9.

⑤ 何俊志、杨季星：《社会中心论、国家中心论与制度中心论——当代西方政治科学的视角转换》，《天津社会科学》2003年第2期。

国家始终没有脱离生活在一定地域上的人，因一定的人际关系往来而形成的"社会"与"权利"。从权利的起源讲，自然权利理论认为：人生而具有自然权利，组成社会后，一部分自然权利让渡出去，构成社会和政治权利的源泉，个人保留了某些不可出让的、维持自身为自身的不可剥夺的权力，这就是公民权。国家是特殊的社会，是社会的社会或曰最大的社会。国家的权力来源于社会权力的转让，因此是最为高级的权力即最高权力。同时社会也保留了它自身成为社会的社会权力。公民权、社会权和国家权力三者构成了国家的权力。这些权力在不同层面上规范着不同的社会行为秩序。这些权力分由个人、社会组织和国家政府掌管，国家的作用就是维持各种权力的"边界"。国家认同在一定意义上就是对"边界"的认同。在专制等非民主社会，存在政府权力僭越国家权力或者说政府权力越位的现象。① 在这里我们仍然可以看到国家中心论的影子。那么，权力如何来约束，波洛克在《超越相对自主：作为历史客体的国家管理人员》一文中提出，作为一个统治群体的国家管理人员虽然会追求自身的利益，但是他们对这自身利益的追求又是在一定的制度背景和阶级背景中展开的。政治制度的存在为官员的自利性行为设置了限度。② 波洛克对回归学派的批判，触发了豪尔对公共政策研究的新的视角——制度。后来学者们把这一理论称为制度中心论。豪尔认为："制度就是在各种政治经济单元之中构造着人际关系的正式规则、惯例以及受到遵从的程序和标准的操作规程。"③ 瑟伦和斯坦在研究了历史制度主义学说后提出：对于（历史）制度主义者而言，他们关注的是整个国家和社会制度，以及政治人物在行使权力时对自身利益和其他群体利益的权衡。制度是权力的化身，权力本身是一种社会关系，只有在特定的社会关系中才存在，脱离了特定的、现实的社会关系，权力就失去了它的权力。因此，权力既是时空概念也是一个场域概念，当权力资源不在场的时候，权力也自然失去了它应有的权力。由此可见，组织的强制性来源于组织成员赋予组织领导机构的合法性，当强制性不具有合法性的时

① 参见王海明《国家学》上卷，中国社会科学出版社，2012，第14~26页。
② Fred Block, "Revising State Theory," *Essays in Politics and Postindustrialism*, Philadelphia, Temple Univeraity Press, 1987, pp. 84−85.
③ B. Buy Peters, *Institutional Theory in Political Science: The New Institutionalism*, London and New York: Wellington House, p. 19.

候其权力也不复存在。因此，从某种意义上说，权力是为了控制暴力，而不是直接和频繁使用暴力。"历史制度主义通过对社会中心论和国家中心论的批判和继承，在以经验为基础的政治科学内部形成了一种既不同于社会中心论又不同于国家中心论的新的结构性视角和以历史为基础的大事件分析方法"①，丰富了人们对国家的认识。

综上，国家是一个独立自主的政治实体，是在一定的疆域内，人们赋予管理组织机构（政府）最高权力的社会。它是由权力性、制度性、公民性与权力地域上的文化、历史所组成的共同体。从国家的三要素论来说，一定地域的人口在一定的人际交往中形成社会，也就是说土地和人口为国家的形成提供了社会基础。人口、土地与权力形成疆域。社会、疆域、国家权利或主权的三位一体就构成了国家。国家的基本特征，一是按地区划分所管辖的居民和统治范围；二是公共权力和特殊的强制机关。② 由此可知国家是社会的社会，是社会的一种特殊形式。

（三）国家权力与国家基本职能

1. 国家权力

国家权力即政治权力或公共权力，"是指反映统治阶级意志的并作为社会整体代表的，以强制力保障实施的、管理社会公共事务的权力"③。

国家权力的特征主要表现在：强制力的垄断性，约束力的普遍性和主权的绝对性。第一，强制力的垄断性。国家权力具有特殊的力量就在于它是一种垄断的"有组织的暴力"。第二，约束力的普遍性。国家权力作为一种公共权力，对全体社会成员都具有约束力，即不仅对被统治阶级成员具有约束力，统治阶级内部成员也要在国家权力的约束之下。第三，主权的绝对性。主权是国家权力的主要属性，也是一个独立国家所不可缺少的条件。

---

① 何俊志、杨季星：《社会中心论、国家中心论与制度中心论——当代西方政治科学的视角转换》，《天津社会科学》2003 年第 2 期。
② 邹永贤：《对马克思主义国家学说中几个问题的再认识》，《马克思主义与现实》2002 年第 1 期。
③ 冯志峰：《马克思主义权力观的生成逻辑及其实践路径》，《湖北行政学院学报》2011 年第 1 期。

2. 政治国家的基本职能

所谓国家职能，是指国家在社会中所承担的职责和所发挥的作用。国家活动表现为两种职能：内部职能和外部职能。具体包括五个方面的基本职能。政治统治职能（政治职能）、社会管理职能（社会职能）、文化的职能（文化职能）、国家安全职能（保卫职能）、处理国际事务职能（对外的交流与发展职能）。[①]

①政治统治职能（政治职能）。国家的政治统治职能即国家的阶级统治职能，是统治阶级运用公共权力的特殊强制力和其他手段对被统治阶级的压迫、控制、管制和管理，镇压被统治阶级及一切破坏现存的政治、法律和社会秩序的分子反抗的政治管理职能，有时也叫镇压职能。

②社会管理职能（社会职能）。它是指统治阶级运用国家权力对社会公共事务进行管理的职能，是国家本质的一个方面的体现。它执行国家意志即统治阶级的意志，受根本政治、法律制度的制约，同样具有鲜明的阶级性。

③文化的职能（文化职能）。埃通加·曼格尔指出："文化是制度之母。"[②] 文化对经济发展、政治发展、人的发展、民族进步都有着广泛而深刻的影响。

④国家安全职能（保卫职能），其作用的方向和方面主要是维护、保卫国家主权、安全、领土完整、资源与环境、居民和公共工程、公用事业的安全，组织抗击外族或外国的入侵，调整国家之间的安全关系及维护地区和世界和平，等等。

⑤处理国际事务职能（对外的交流与发展职能）。发展国际交流与合作。创造有利于本国发展的国际环境，促进共同发展，积极发挥自身在国际社会中的作用。

二 国家认同

（一）民族国家与国家认同问题

自人类社会产生，人们就服从于一定社会的共同约束。人类总以某种

---

① 王惠岩主编《政治学原理》，高等教育出版社，2006，第39页。
② 〔美〕塞缪尔·亨廷顿、劳伦斯·哈里森：《文化的重要作用——价值观如何影响人类进步》，程克雄译，新华出版社，2002，第120页。

形式归属于各种不同的组织联系之中，并形成对这些组织或社群的认同感。对于一国的公民而言，人们自然也置身于国家的政治组织和政治单位之中，政治认同就是人们的政治组织归属感。"人们一旦形成对特定对象的政治认同，就效忠于该政治对象，并愿意为维护该政治对象的利益而奋斗。"[1] 可见，国家认同是政治认同的最高形式。

在中国古代，从夏朝开始到秦统一六国，直到辛亥革命之前都是"邦国同构""王朝更替"的政治组织形式，对国家意义上的认同就是对王朝的认同，臣民也是王朝的臣民。直到 20 世纪初，延续千年的封建统治的覆灭，近代中国的民族国家才得以建构。

国家形态演进表明，民族国家是欧洲国家形态中的一种类型，是为了解决民族与国家之间的二元关系，在历史的长河中逐渐演化而来的一种国家制度模式。这种模式在单一民族国家中显示出强大的凝聚力和向心力，为欧洲近现代的快速发展提供了认同优势。资本主义在全球范围内的扩张使世界各个国家和地区之间的联系日益紧密，民族国家对他国和世界的影响力大大增加，逐渐成为世界范围内国家的主要形式。这种国家模式，既有民族也有国家，是民族与国家的有机统一，否则不可存在，其实质是国内各民族对国家主权的认同。因此民族国家要求民族必须认同国家，国家同时必须满足民族的基本需求，二者是辩证统一的。[2] 当代绝大多数国家是民族国家，但是今天所指的民族国家已经不是完全意义上的单一民族国家。

民族认同需要国家提供物质基础及空间保障。国家认同建构两个基本要素是政权和民族。奥罗姆从民族和国家的角度总结了现代国家建设必须具备的五个要素：政治上的稳定与合法性、经济发展、公民身份、政治认同和民族主义。[3] 其中公民身份和政治认同，是在民族的空间里展开的，"认同是一种集体现象……最频繁地被从民族主义的方面考量，指那些身处民族国家疆域之中的人们被认为共同拥有的特征"[4]。当民族的构建超越了自身民族发展的空间时，民族为了更大的发展自然而然要结合成或建立起国家这种拥有更大力量和能量的组织。因而，民族内部的认同要求需要上

---

① 周平：《论中国的国家认同建设》，《学术探索》2009 年第 6 期。
② 周平：《论中国的国家认同建设》，《学术探索》2009 年第 6 期。
③ 〔美〕安东尼·奥罗姆：《政治社会学导论》，张华青等译，上海人民出版社，2006，第 264 页。
④ 〔英〕吉姆·麦克盖根：《文化民粹主义》，桂万先译，南京大学出版社，2001，第 228 页。

升或扩展到国家认同的高度才能获得更大利益，如此一来国家认同就超越了民族认同并体现出更大的价值。然而民族的构建不是如此简单，民族在走向国家层面过程中不仅要面对政治的诉求，而且在更大程度上需要普遍的民族主义热情。但是，民族的形成是依托于国家的物质基础和空间的，民族是国家的灵魂，国家是民族的载体，民族国家的构建历程与国家的形成是相统一的。当民族在创建自己国家的过程中，获得了幸福并充分展现了各民族应有的创造力时，国家与民族已融为一体，民族认同也就融入国家认同之中。

国家认同是包含政治认同和文化认同两位一体的有机整体，核心是共同体的意识形态建设。民族认同与国家认同之间的关系既不是阶级斗争，[①]也不是意识冲突，而是建立在意识形态层面的对共识的理解。[②] 当民族的认同进入国家认同层面，它就不只是"一种与历史文化变迁相关的，植根于人类深层意识的心理的建构"[③]。因此，国家认同包含政治及文化认同。文化认同根植于民族历史文化中，而政治认同则体现在制度和权力的建构运行中。

国家认同的核心是对共同体价值的认同。价值是一个表征主客体之间需要关系的范畴。马克思指出："'价值'这个普遍的概念是从人们对待满足他们需要的外界物的关系中产生的。"[④] 这种功能是通过主体的评价来实现的。价值主体和价值客体分别是价值关系中主客体利益的代表。中国的建设需要国家层面的共同的价值追求，从帝国走向现代，体现了中国近现代以来社会历史发展的基本线索与内在的价值逻辑，这就是国家与社会价值重构也即国家合理性、合法性逐步演进完善的历史过程。中国的国家建设需要价值力量，也需要创造这种价值的努力。[⑤] 实现各民族对国家的认同，是民族国家的本质要求，也是最大的价值体现。中华民族国家的建构，

---

① 杨雪东：《民族国家与国家构建：一个理论综述》，刘建军、陈超群主编《复旦政治学评论》第 3 辑，上海辞书出版社，2005，第 89 页。
② 转引自江宜桦《自由主义的宪政民主认同》，王焱编《宪政主义与现代国家》，生活·读书·新知三联书店，2003，第 71 页。
③ 〔美〕安德森：《想象的共同体：民族主义的起源与散布》，吴叡人译，上海人民出版社，2011，第 17 页。
④ 《马克思恩格斯全集》第 19 卷，人民出版社，1963，第 406 页。
⑤ 参见王海峰《塑造国家认同：社会主义核心价值体系的战略使命》，《求索》2010 年第 8 期。

就是国家认同形成巩固的过程，中国的国家认同，就是中华各民族对统一多民族国家的认同。随着中华人民共和国的成立，我国建立了多元一体的民族国家，社会大众对国家的认同也就是对中华人民共和国的认同。

（二）国家认同定义

目前，对国家认同的定义，学者们众说纷纭。究其原因，主要是国家认同既涉及意识领域又涉及实践行为，涵盖民族学、社会学、心理学、政治学、哲学等领域，同时它既与"民族自决""民族主义""国族"等观念相关联，又与历史认同、社会认同、族群认同、政治认同、文化认同、宗教认同等概念相互交割，表现错综复杂。从国家认同所研究的内容讲，按学者江宜桦的观点，主要包括：什么是国家认同？为什么要有国家认同？如何形成良好的国家认同？国家认同和其他认同的关系怎样？国家认同可否改变？为什么可以或不可以改变？[①]

1. 国家认同的多角度理解

从个人角度出发，作为认识和实践的主体，个人对国家的认同构成其自我认知的一个方面、一个部分，即个人主动承认国家的政体和欣赏本国文化的行为；从国家角度出发，国家认同就是主权认同。[②] 从功能维度，国家认同是公民通过认同国家的属性功能来认同国家的心理活动。从内容角度上，可区分为对国家的文化和政治的认同，即公民对人类历史活动过程中体现出来的文化认可和心理归属，人类对置身于一国之内的政治生活和权力系统的承认和认可。[③]

从上面的多角度理解可知，国家认同可解释为对一个国家政治共同体的认同和文化共同体的认同。政治共同体的认同涵盖了国家主权认同、国家意识形态认同、政治制度认同和政府合法性认同；文化共同体的认同包括文化认同、民族认同以及人文地理认同等。

2. 国家认同的本质和功能

国家认同的本质是国家的合法性认同，国家主权是国家对外合法性的

---

① 参见江宜桦《自由主义、民族主义与国家认同》，台北，扬智文化事业股份有限公司，1998，第 5~6 页。
② 胡萨：《国家认同教育何以可能》，《思想政治课教学》2014 年第 5 期。
③ 参见王卓君、何华玲《全球时代的国家认同：危机与重构》，《中国社会科学》2013 年第 9 期。

前提。马克斯·韦伯是这样理解合法性的:"统治的正当性与对统治认同的总和构成了统治的合法性。"① 不论什么形式的统治,只有当它的政权建立在正当性基础上时才具有合法性。这些合法统治对内通过提供秩序和正义等公共产品得以体现;对外则通过获得国家主权来保卫国家安全。通常来讲,国家认同只有达到一定高度才有利于维系国家统一,才能充分体现国家凝聚力。良好的国家认同为国家统治合法性奠定重要基础,而且,这种高度的认同状况很大程度上影响着公民个人的各种行为和基本偏好,并且为个人的社会生活、人的本体性安全和道德生活确立了方向。② 在国际社会中,捍卫国家自身利益最为重要和有效的武器就是主权,而这正是国家认同的核心所在;相反,国家认同危机就意味着国家主权的危机,这不仅将极大地削弱国家的国际地位,而且触及国家安全和社会稳定。

3. 国家认同的特征

一是国家认同的时效性和历史性。国家认同的内容和性质是不断变化的。认同是主体意识内容,认同的对象是客观的"事实",而思想是与事物不同类的存在,尽管客观事实也包含主体对自身意识的认识,但认同观念与客观物体的现实状况却不一定完全吻合。第一种情况是主体的同一性没变,但主体的本身机能却在不断地发展变化。正如人本身一样,大多数人的姓名、性别始终没变,但其身体却在经历由幼年到成年再到衰老的过程,每时每刻地变动着,唯一不变的就是人自身外在标记的同一性。因此身边的人对他们的认同也伴随着时间的推移经历着从小孩到耄耋的变化。国家认同事实上主要指这种认同。第二种情况是主体同一性变了,因此也就不存在既有的国家认同。如国家的解体、国家制度的改变等。第三种情况是主体的同一性与主体的属性的同步或异步的变动,如国家政治制度改革与社会制度改革的同步进行。这种情况体现了国家认同的互动性。

二是国家认同的政治性。国家认同是认同一国政府执行国家最高权力的合法性和权威性。它既包括公民对国家政治理念的信仰,又包含对国家政府的崇拜,同时又带有国家对自身价值实现程度的现实情感。因此,国

---

① 〔德〕马克斯·韦伯:《经济与社会》上卷,林荣远译,中央编译出版社,2002,第 1 页。

② 李瑞君、贺金瑞:《试论风险社会视域下国家认同机制的建构》,《重庆社会主义学院学报》2011 年第 3 期。

家认同具有鲜明的政治色彩。

三是国家认同的复杂性。国家认同的复杂性就是认同主体心理的复杂性。这体现在政治认知、情感、态度以及信仰等方面，同时它们又与人类其他方面的认知活动相交融，体现出复杂性。

当然，国家认同的特性还很多，在此不一一论述。

4. 国家认同的发生

它源于人的社会性存在发展的需要，反映了人对外部世界及自身活动具有的依赖性。需要产生于主体的规定性及和周围世界千丝万缕的联系。每一种主体结构和规定性都是历史形成的，有什么样的主体结构，就产生什么样的需要，如情感结构、生命结构、安全结构等。一方面，人认同国家类似认同自己的家庭，既有情感的需求，也有生存的需求。马克思指出："由于他们的需要即他们的本性，以及他们求得满足的方式，把他们联系起来（两性关系、交换、分工），所以他们必然要发生相互关系。"① 人类对养育自己的土地有着极深的情感，不论中西方国家对各自的故土眷顾都有很多脍炙人口的描述，这体现了情感对认同的重要性。从美学的角度讲情感的价值就在于其超越理性的美。我们不难想象没有美的世界是多么惨淡，因此情感是丢不掉的需要。至于生存的需要，一者体现在公民对国家层面的共同体生活的需要，一者表现为公民对市民社会生存的需要。在国家共同体层面，人类从个体向群体的靠拢就是为了生存的安全。从原始社会的部落群居到邦国的出现，再到现代民族国家的建立，人类不断扩展着生存安全的边界，认同国家就是铸成国家的对于自身利益的保障屏障；在市民社会的层面，人作为私人进行活动，人在某种意义上具有工具性职能，是社会生产再生产的工具。在这个层面上，国家认同的意义就是为市民社会提供有序的社会秩序、福利和法律保障，从而确保公民"共同体"生活和尘世的生活和谐与幸福。另一方面，建构合法性和权威性是政府的需要。国家的统治者要求国民认同国家，这种要求基于公民为何要认同你统治的国家之上，即政府的合法性和权威性何在。建构合法性与权威性是统治者或政府长期的任务。这既是统治者执政的需要，也是政府降低统治成本的需要。当然，国民认同一个新的国家政权，不仅要求国家具有合法性和权威性，而

---

① 《马克思恩格斯全集》第3卷，人民出版社，1960，第514页。

且需要政府通过教育等手段积极营造有利于国家认同的社会文化环境。

概言之，国家认同是"一个国家的公民对自己祖国的历史文化传统、道德价值观、理想信念、国家主权等的认同，即国民认同……实质上是一个民族确认自己的国族身份，将自己的民族自觉归属于国家，形成捍卫国家主权和民族利益的主体意识"①。国家认同的本质是社会个体或群体内化的心理共同体意识，即意识到自己的民族、意识到自己的国家、意识到自己存在的地域及其文化的综合。这种共同体意识的达成，就是国家合法性的来源，是构成国家合法性的基础。因此，国家认同的形成就是国家塑造公民、达成共识的过程。

三 价值的内涵和本质

价值的内涵和本质是研究国家认同价值的逻辑起点，要研究国家认同的价值问题就要深刻理解和把握价值概念的历史发展和生成本质。

（一）价值内涵

关于"价值"，从词源学上看，来源于古代梵文（wer、wal）和拉丁文（vallum、vallo），含义是"掩盖、保护、加固、用堤护住"等。② 后来逐渐向"对人有保护，对人有维护、对人有益"等含义演化。现代英文 axiology 是价值学之意，源于拉丁文的音译。

价值这一概念的内容，主要体现了人类社会生活实践中的一种普遍关系，就是客体满足主体需要时体现出来的客体对主体人的意义。总之，价值源于客体，取决于主体，形成和实现于社会实践过程中。③

（二）价值的本质

价值问题，产生于人的"主体判断"，其根本决定于主体对所评价的客体的尺度问题，即主体所持有的价值尺度，它是价值的源泉。主体尺度来源于自身的规定性，它是由主体人的自身需要、目的性及其现实功能规定

---

① 贺金瑞、燕继荣：《论从民族认同到国家认同》，《中央民族大学学报》（哲学社会科学版）2008 年第 3 期。

② 参见田雪飞《中国特色社会主义大学制度价值论》，东北大学出版社，2023，第 23 页。

③ 参见李德顺《价值伦：一种主体性的研究》，中国人民大学出版社，2013，第 53~54 页。

的。在主客体交互作用中，主体被客体化，客体被主体化，其结果是客体趋于主体，满足了主体需要。要把握价值的本质，就必须立足主客体关系，从人的主体性方面来理解。

1. 从主客体的关系中把握价值本质

在价值论研究领域，关于价值的定义一直存在着广泛的争议。在这里只能从分类概略和对几个典型的定义出发把握价值的本质。

"实体说"："价值是一种独立存在的实体或现象体系，人们最终可以在世界的某个地方或某种状态中找到它的终极存在。"[①] 实体说在唯物主义和唯心主义那里有不同的理解。唯物主义坚持存在决定意识，把事物的价值等同于事物实体，其价值是客观存在的，不一定与人相关。此观点无视主体的存在，把事物的价值看成是一种抽象的自在存在，因而是一种机械论的观点。而唯心主义正好相反，抛开主体把人的精神实体视为价值之源而独立存在。从柏拉图的"理念世界"到黑格尔的"绝对精神"等，都把价值等同于人的主观评价。此观点过分强调了主体意识而忽视了意识产生的客观实在，属于本末倒置。

"属性说"或"功能说"：视价值为客体本身的功能或属性。这种学说认为人们认识到的价值是自然物属性的体现，自然物的这种满足人的需要的属性是一种不以人的意志为转移的客观存在，存在就是存在，不存在就是不存在，因而价值也是客观的。罗尔斯顿说："进入人们视野的那些自然属性，是在人类出现之前就已客观地存在于大自然中的。"[②] 这种观点看到了价值的客观性，代表了西方的客观主义价值论，虽有其合理之处，但其忽视了主体的存在及意义，表现出片面机械的形而上学倾向。

"关系说"：价值是一种主客体的关系，是客体满足主体需要的关系。坚持关系说的学者认为：价值不是人与对象的简单关系，是主体作用于客体，并且客体对主体产生了反应的主客体的相互关系。价值具有主体性的特征，离开了主体的需要及与需要对象的关系，就不存在价值。[③] 关系学说超越了实体主义的思维，将目光投向了人生活实践的主客体关系之上，具

---

① 李德顺：《价值伦：一种主体性的研究》，中国人民大学出版社，2013，第 28 页。
② 〔美〕罗尔斯顿：《环境伦理学》，杨通进译，中国社会科学出版社，2002，第 156~157 页，转引自王玉樑《关于价值本质的几个问题》，《学术研究》2008 年第 8 期。
③ 参见李德顺《价值伦：一种主体性的研究》，中国人民大学出版社，2013，第 29~35 页。

有一定的进步意义。然而这一定义中的"需要"一词在学术界争议较大，"需要"一词既有心理学色彩，又涉及主观因素，联系着理性与非理性的情感。因此关系说还有待于进一步的研究与发展，以深刻揭示价值的内涵。

2. 从"实然""应然"及其价值观念理解价值的本质

"实然"与"应然"的问题就是"事实"① 与"价值"的问题。价值哲学正是起源于对它们的区分。事实具有客观性，它不仅指客观存在的事物，也包含客体存在的主观意识。作为主客体间的客观关系，价值是以主体的存在和需要为尺度的客体属性及意义的展现。价值受主体的价值意识支配，价值意识决定了主体的价值体系及其价值的选择和定位。价值意识外化为价值观，以信念或理想等为外在表现。事实可分为主体性事实和客体性事实两个方面，但二者都以客观存在为前提。也就是说，事实中必须蕴藏着形成价值的可能性，即价值的存在或体现是以事实的属性或功能为依托的，离开了客观实在价值不可能存在。只有事实具备显现其价值的条件，即事实与主体建立的关系，且当事实作用于主体并对主体产生积极的效应时，事实才是价值。客观事实的存在是外在于人的，不以人的存在而存在，因而无所谓善恶之分。而价值不同，虽然也是一种客观存在，但是它是以人的需要为前提的。由此可见，价值是主客体关系的产物。

应然价值的实质在于它的效用性，而不在于它的事实性。② "实然是现实的存在，应然是理想的存在……价值是对事实的超越。价值的超越性决定了价值的本质在于发展，在于使主体特别是社会主体发展、完善、更加美好。"③

3. 从价值与功能的关系中看价值的本质

"功能说"认为价值是一种功效或功能。功能说在坚持"关系说"的基础上，认为价值是功能范畴或功效范畴。持功能说的代表李凯尔特指出："价值的实质在于它的有效性，而不在于它的实际的事实性。"④ 强调从实效、效益上去理解价值。作为关系中的价值，不是凭空产生的，它依托于

---

① 哲学上的事实是指特定的、真实的事件，它是已被正确认识到的客观事物、事件、现象、关系、性质、本质及其规律性的总称。

② 李卫斌：《会计价值论——基于价值哲学视角》，博士学位论文，东北财经大学，2012。

③ 王玉樑：《关于价值本质的几个问题》，《学术研究》2008 年第 8 期。

④ 〔德〕H. 李凯尔特：《文化科学和自然科学》，涂纪亮译，商务印书馆，1986，第 78 页。

事物固有的属性，它是事物的功能属性在关系中对主体产生的效应。因此，从这个意义上来讲，功能说确证了价值的客观性。

4. 从价值与实践的关系看价值的本质

理论的价值哲学和实践的价值哲学是当今世界上存在的两种主要形态的价值哲学。理论的价值哲学经常在主体与客体间顾此失彼，片面地强调单方面的作用，而忽略了价值的关系属性，对联系人类实践活动的主体与客体的实践互动重视不够。如人学价值论、主观主义价值论与客观主义价值论都属于此范畴。马克思认为"人应该在实践中证明自己思维的真理性"[①]。李德顺教授指出，实践的价值哲学是在吸收了"关系说"的成果上，阐述的一种新型的价值学说，它具有以下几个特点：首先，价值是由一种特定的"关系质"或"关系态"而产生和存在的关系现象；其次，主客体关系是价值存在的客观基础；最后，价值产生于客体属性与主体尺度之间的统一。[②] 由此看来实践是价值实现主客体间的纽带和桥梁，因此价值研究就必须以实践为方法论指导。

总之，价值是一种主客体相互关系，是在实践活动中建立起来的，以主体的尺度评价客体的存在和性质是否与主体的本性、目的和需要等相一致、相适应、相接近的关系。[③]

（三）价值的内在规定性

在价值论领域，对于价值概念的争论从来没有停止过。争论的背后就是对价值概念的认同存在着不同的观点。这可以从价值学历史发展的脉络中看得清清楚楚。无论是实体说、属性说、观念说还是关系说，都反映出人们对价值的认识是不断完善、丰富的，它们当中的共识性思想构建成了价值的本质内涵。

1. 价值是人类特有的对象性活动

价值是属于人的，只有人才有所谓的价值问题。人从动物发展而来，人类最初的行为活动与动物没有多大区别，人类在劳动中通过劳动得到进

---

① 《马克思恩格斯文集》第 1 卷，人民出版社，2009，第 500 页。
② 李德顺：《价值伦：一种主体性的研究》，中国人民大学出版社，2013，第 27~40 页。
③ 李德顺：《价值伦：一种主体性的研究》，中国人民大学出版社，2013，第 53 页。

化与提升，并随着意识的发展逐渐意识到自己与劳动对象的区别、自己的目的和实现目的的条件之间的差别。而动物没有像人类一样的高级意识和自我意识，它们的存在与它们的生命是直接同一的，都是一种纯粹自然的过程。动物没有理想也没有理由，它们的活动只是服从因果关系，服从一种生物有机体的自我存在和自我保护的条件反射。这种条件反射体现出了动物的趋利避害的行为，但是，这里的"利"与"害"都不是价值的选择问题而是动物生理机能的应急反应，因此价值是人类特有的对象性活动内容。

2. 价值产生存在的根源是客体的价值属性

马克思主义唯物史观认为，外部世界是人类生存的客观条件，因此，价值必然源于客体或客观世界。自然物的价值来源于事物所具有的某种属性，当事物的这种属性满足了人的需要时，事物（客体）和人（主体）便形成了事实上的价值关系，只有这种关系确立了，事物对人才有价值。由于构成事物属性的非单一性，依据人们需求的不同，价值也表现出多样性。由此我们可以看到：价值是客体固有属性与主体发生关系所产生的事实，形成于人的交互关系之间，呈现于现实生活之上。

3. 评价是价值的固有特性

价值评价是主体对客体某一方面或某一层次的属性或功能是否满足自身某一方面或某一层次需要所做出的实践判断。影响评价的三个因素是：客体作用的客观存在、主体的自觉意识、主体对客体的评价。价值评价主要有直接评价和间接评价。

4. 价值的本质是指客体主体化过程的性质和程度

在主客体的关系中，客体的存在、属性和变化在多大程度上满足主体的需要，是价值存在的本质表现。

（四）认同与价值

1. 认同理论的核心是价值认同

认同是将环境中的现实对象与本我对满足需要之物的想象相对应的过程。简单讲就是"求同""存异"。求与别人之大同，存个人之为个人之异。前者求同于社会，后者存己于个性。这是同一主体内的两种意识导向，有时单独起作用，有时同时出现。它是行动者主体性纬度与社会意义体系的辩证统一。而求同与存异的判断总是伴随着主体的利益、情感和信仰的需求。这些利益、情感和信仰影响着人们对于认同的判断。因此，认同一开始就是一个关于价值的判断，是一个价值认同的问题。

2. 价值认同的本质是社会成员服从统一社会价值观的态度

价值观全称也就是价值观念，价值观念一般分为三个层面即国家层面、社会层面和个人层面，它们分别主导着国家意识形态、社会价值观和个人信仰。在这三者中，社会价值观为国家意识形态提供选择定向，因此最为重要。社会价值观是社会认同表现出来的一种社会成员服从于统一社会价值规范的态度。在认同的过程中，社会成员不断地调适与社会价值规范相抵触的自身价值观念，这种"调试"、"修正"或"放弃"是来自社会成员自觉主动的接受。这种共同价值观念来源于个体或群体的交往实践，并成为自身在社会生活中价值定位和价值导向的依据。

3. 价值认同的目标是价值共识

世界是多彩的，自然界和人类社会都因差异性而体现出美轮美奂的自然景观和不同性格、不同学术、不同艺术的人生。差异是自然法则，正因如此人类社会才有如此巨大的活力和创造力。然而，人是一切社会关系的总和，人是社会中的人。人类走向社会是为了寻求更大、更远的发展，而社会共同体的形成是有条件的，这个条件就是认同指向社会的共同价值——价值共识。这一点，从"社会"一词的词源中可窥见一斑。古人拜天敬土，《孝经》载"土地阔不可尽敬，故封土为社"。"会"是会合，社会就是人们在祭祀的地方会合，后引申为因某种因素而结合或集合的人群。由此看来，"结社"就是上古之人因"拜天敬土"达成价值共识而聚于社坛之下。由此看来，价值认同的目标是价值共识。

第二节　国家认同的价值概述

就目前能检索到的资料而言，尚未形成对国家认同价值的整体理解的概念，其原因是：首先，尽管国内外研究国家认同的论著较多，但关于国家认同价值的论述较少，现有的搜索引擎和词典没有收录这一概念的词条；其次，现有的文献只是涉及了国家认同的概念，对国家认同的价值未形成统一的认识和确定的概念。对于国家认同的价值研究没有深入展开，对于它自身包含着的诸多的价值认识是如何依据一定的结构形成矛盾统一体没有系统论证。因此，对国家

认同的价值研究有待进一步深入。本书认为国家认同的价值研究是国家认同
"是什么"的进一步认识，即国家认同"为什么"的探究，是国家认同价值的价
值。由此看来，国家认同的价值研究是价值哲学范畴。从这种关系来看，可由
价值概念出发，进行从一般到特殊的演绎，获得对国家认同的价值概念中要素
及其关系的认识，并由此获得国家认同的价值概念的结论。要解决这一问题，
必须搞清国家认同的价值包含哪些"价值关系"，国家认同的价值的主体与客体
是谁，这些主体的需要和客体满足这些主体需要的属性又是什么？这就必须进
行理论上的辨析，以便更好地理解和把握国家认同的价值概念。

一　理论上的辩证

（一）国家认同的价值研究指向分析

基于前一节对"国家认同"与"价值"概念的分别梳理，我们知道，
无论是在哲学家、社会学家，还是在心理学家的视野中，"国家认同"与
"价值"都是有着复杂蕴涵的概念范畴，对于它们的概念界说，在一个层面
上通常都无法说明，理性的方法是尽可能给予多层面的概念描述。那么在
追问国家认同的价值为何之前，我们还是必须面对如何对"国家认同"和
"价值"进行界定的问题。

价值既是一个宏大的概念范畴，又是一个基础性的概念，我们通常说
的物的价值与人的价值是根据价值的客体是物还是人的角度进行划分的。
如果从主体角度来看，有满足主体物质需要的物的价值（如物质价值、经
济价值、利益价值等）和满足主体精神需要的心理、文化等价值（情感需
要、审美需要和自我完善需要等）；从客体角度来看，可划分为天然价值
（空气和水等）、创造价值（如一切劳动创造的价值）、潜在价值（尚待发现
的价值）、正价值（对人的需要具有肯定意义的价值）和负价值（对人的需
要具有否定意义的价值）等。[①] 从这些划分和国家认同的本质来看，价值包
容了国家认同，国家认同作为价值的某个方面或层次从属于价值范畴。

另外，对于"国家认同的价值"中的"国家认同"的澄清也是必要的。
如果把"国家认同的价值"中的"国家认同"一词作为形容词，就是"国

---

① 参见孙伟平《价值哲学方法论》，中国社会科学出版社，2008，第53页。

家认同的""国家认同意义的"之义，即作为定语形容词修饰"价值"一词，那么，"国家认同的价值"从字面意思来讲就是"国家认同的价值"区别于"民族认同的价值"或其他认同的价值。按照上面的理解把国家认同的定义替换进来，国家认同的价值就可理解为，一是公民认同国家文化层面意义系统的价值（即文化自觉）；一是公民认同国家政治层面意义系统的价值。通俗地讲就是公民对领土、主权、主流文化传统、信仰等方面的文化认可与心理归属的价值和公民对国家政权系统、政治制度、治国理念的基本认同的价值。

如果把"国家认同的价值"中"国家"一词作为名词，并与形容词短语"认同的价值"构成并列短语，则"国家认同的价值"是一个以"国家——认同的价值"形式存在的概念，可理解为"国家是认同的价值"或"认同的价值是国家"。由于认同的主体一定是人，此短语也可看成被动语式，即"国家是被认同的价值"或"被认同的价值是国家"。从上面的分析看来，国家认同的价值从"国家——认同的价值"去理解显然不是我们要研究的目标。本书要研究的是上面我们分析的"国家认同的——价值"存在形式的概念。

（二）国家认同与国家认同的价值分析

国家认同本身就是一个价值概念，国家认同的价值研究并不是指向或证成国家认同具有的内在价值，而是试图论证国家认同的实现给个人和社会带来的某些价值。因此我们首先要搞清国家认同与国家认同的价值的关系。认同的实质是价值认同，国家认同也就是国家价值认同，这样一来，区分国家认同与国家认同的价值就是区分国家价值认同与国家认同的价值之间的区别与联系。从价值论的角度讲，首先，指向的对象或客体不同。"国家认同"的对象是国家；"国家认同的价值"指向的对象是国家认同的事实或结果。其次，主体涵盖不同。"国家认同"的主体是个人、社会与民族；"国家认同的价值"主体是国家、政府、社会与个人。最后，生成的向度不同。"国家认同"是个人对社会认同的社会价值观、民族价值观与国家价值观的统一，是从下往上的向度；"国家认同的价值"则是国家认同的结果对国家、民族、社会与个人的意义，是从上到下的向度。两者的关系是"国家认同"的结果或认同的程度决定着"国家认同的价值"的大小，"国家认同的价值"大小又影响着人们对"国家认同"的程度。国家认同在从个人纬度、国家纬度、功能纬度和内容纬度上不外乎来源于国家的功能或属性，如国土、文化和政权等。国家认同就是对国家功能或属性的认同。而笔者要研究的国家认同的价值是国家认同的意义，就是国家认同的事实对主体的意义或有用性。如认同带来的国家统一、民族团结、社会和谐等对于主体的意义。从微观角度讲，国家认同的价值在于有利于主体的利益保证、安全保证及个人的自由全面发展；从宏观角度讲，有利于实现中国梦、实现中华民族的伟大复兴等。

（三）国家认同的价值的概念

由前面的分析来看，国家认同的价值研究是价值哲学范畴。从这种关系来看，要想获得国家认同的价值概念的结论，就必须弄清国家认同的价值产生主体及其需要的内涵和结构。

第一，国家认同的价值的主体——社会和人。对国家认同的价值主体的理解，对国家认同概念的分析是第一性的。国家认同，是诸多群体认同的一种形式，完整的表达应为民族国家认同。从现有研究看，总体上主要从以下几个方面定义国家认同：个人纬度、国家纬度、功能纬度和内容纬度。就本书研究的问题而言，主要指内容纬度。有学者将内容纬度概括为双元结构："文化—心理"层面，即公民对领土、主权、主流文化传统、信仰等方面的文化认可和心理归属；"政治—法律"层面，即公民对国家政权系统、政治制度、治国理念的基本认同。[①]

不论从哪个角度理解，总的来说，国家认同的价值的主体是社会（民族、族群）和人（公民、个人），而价值主体中的社会，实质上也是由现实物质的承担者构成的。我们知道，人有三种存在形态——人类、群体和个人，它们与国家认同之间都存在对象关系，由此可将社会与国家认同的关系具体化为主体与客体的关系。我们知道社会是人的社会，人是抽象的存在，要使抽象的人具体，就必须搞清他的社会关系，要使抽象的社会关系具体化，必须搞清楚它代表哪些现实的人。事实上，马克思在他的历史唯物主义中一直把人作为社会发展的本体基础。马克思和恩格斯指出："人不

---

① 王卓君、何华玲：《全球化时代的国家认同：危机与重构》，《中国社会科学》2013 年第 9 期。

是抽象的蛰居于世界之外的存在物。人就是人的世界，就是国家、社会。"①
"个体是社会存在物"②，"社会本身，即处于社会关系中的人本身"③。由此
看来，社会的"肌体"是由人构成的，群体或族群是构成社会的组织单位，
在世界历史和全球社会上活跃的是人类。肖滨教授在《公民认同国家的逻
辑进路与现实图景——兼答对"匹配论"的若干质疑》④一文中认为国家认
同的主体是一个复合主体。不论从经验事实来看还是从学术研究来看，公
民既是"文化—心理"层面的主体，也是"政治—法律"层面的主体，二
者在实践中有机统一。由此我们可知：国家认同的价值就是处于一定国家
结构中的群体或个体，及其社会结构中的人类，将它们本身与国家认同之
间建立起来的主客体间的现实关系，即客体的存在、属性和合乎规律的变
化与主体相一致、相符合的性质和程度。这项关系使社会、人类或人与国
家认同的关系具体化，并成为进一步探讨客体与主体价值关系的物质基础。

第二，主体需要的结构和内涵。主体与客体是人类对象性活动中两个
对立统一的实体性要素，主体，是指对象性行为中作为行为者的人；客体，
是指这一对象关系中的对象。在国家认同的价值关系中，作为唯一实践者
的人类就是主体，主体的需要与国家认同对象发生关联，建立起了主体需
要与客体（国家认同）属性之间的关系。于是，社会关于国家认同的关系
进一步物化为主客体存在的关系。这就是社会与国家认同的价值关系。在
这里主体主观的需求是价值的内在尺度，主体的需要是价值形成的逻辑前
提，客体（国家认同）所表现出来的意义、有用性或功能性则是价值的承
担者。国家认同所涵盖的意义或功能与人或社会构成了最直接的关系，从
不同层面体现了国家认同的价值。在主客体的相互作用中，主体要符合客
观及主体客观化。主体在考虑国家认同的价值取向时，对国家认同的特征
要有一定知识储备，然后才能使客观服务于主体，让国家认同的变化与主
体的生存发展的需要一致，这就是客体的主体化方向，是国家认同的价值
取向。

---

① 《马克思恩格斯文集》第 1 卷，人民出版社，2009，第 3 页。
② 《马克思恩格斯文集》第 1 卷，人民出版社，2009，第 188 页。
③ 《马克思恩格斯文集》第 8 卷，人民出版社，2009，第 204 页。
④ 参见肖滨《公民认同国家的逻辑进路与现实图景——兼答对"匹配论"的若干质疑》，《中
山大学学报》（社会科学版）2011 年第 4 期。

由此，对国家认同的价值概念进行界定：国家认同的价值就是主体在国家认同的实践—认识活动中建立起来的，以主体的尺度为尺度的一种客观的主客体关系。这种关系是国家认同在其国家认同活动和社会关系中合乎主体发展和人类社会进步的目的而呈现出的一种肯定的意义关系。[①] 至此，我们完成了从哲学的"价值"到"国家认同的价值"的辨析，同时也对国家认同的价值概念的建构做出了质的规定。

二　事实上的建构

国家认同的价值研究，研究的是国家认同应该如何，即呈现何种状态、达到何种程度，而并不是研究其国家认同的事实本身。但是，"是、事实、事实如何"是"价值、应该、应该如何"的前提和基础。"是、事实、事实如何"是客体的属性，是客体不依赖主体需要而具有的属性，是客体的事实属性；而"价值、应该、应该如何"，则是客体依赖主体需要而具有的属性，是客体的"是、事实、事实如何"与主体欲望、需要、目的发生关系时所产生的属性，是客体的"是、事实、事实如何"对主体需要、目的、欲望的效用，是客体的关系属性。这是国家认同的价值建构的理论前提。[②]

可见，国家认同的价值关系，是从价值定义出发推演出来的，与国家认同实践中的现实的价值关系还未建立联系，下面就这种事实上的联系进行描述和建构。

要进行这种建构就必须弄清国家认同的现实价值关系，规定国家认同的价值，既离不开价值主体，也离不开价值客体，实质上是离不开它们的现实关系。只有弄清了这种价值关系才能表述清楚主客体双方在一定的人类社会活动中的具体的地位，也才能把握这对范畴的特殊规定性和意义，而国家认同的价值正是通过它的现实价值关系体现出来的。

要分析国家认同的价值关系，必须弄清楚国家认同的含义。由国家的定义可知，组成现代国家的各种要素可以区分为两大基本结构，即国家共同体和国家政权组织。这两大结构前者是集领土、历史、文化、族群和国民为一体的命运共同体；后者是行使主权的政权组织、统治机器，是政治、

---

① 李德顺：《价值论：一种主体性的研究》，中国人民大学出版社，2013，第53页。
② 参见王海明《国家学》中卷，中国社会科学出版社，2012，第265页。

经济、社会秩序的组织者。肖滨教授认为：在这一双面格局中，前者具有
生物特点和自发性，后者由意识形态导向并具有计划性。前者坚持民族主
义，从民族的理念中汲取灵感，可以提供划分国家边界的参数，支持一个
共同体的国家观。后者以自由主义的立场观点，提供现代国家规范政权组
织的政治法律原则，确立公民与国家政权组织关系的理论基础。因为现代
国家是一种集国家共同体和国家政权系统于一体的整体，这种"一体双面"
结构把作为公民认同对象的国家在逻辑上区分为两个性质不同的认同标的。
"国家共同体"是某种能产生意义的东西，即一种文化呈现系统。国家是一
个符号共同体，是它所激发的个体认同感和忠诚感的来源。因此，国家共
同体是公民情感上依恋与牵挂的对象，是公民归属性国家认同的对象。国
家政权系统则与之不同，它作为依靠抽象的法律制度建构起来的政治组织，
更强调"公民"与"国家政体"之间的内在联系，它依赖法律将公民团结
在一起，国家政权系统不是公民情感忠诚的对象，而是实现或保护自己利益
的工具或机器。因此，对于公民来说，他所认同的国家虽然是一个整体，但
组成整体国家的两大结构却有不同的认同标的：国家共同体是文化、心理上
归属性的认同对象，国家政权系统则是政治、法律上赞成性的认同对象。[①]

　　基于上述分析，公民对国家的认同在理论上可以区分为两个层面：公
民对国家共同体的认同和公民对国家政权系统的认同。下面我们分别进行
这两种层面的国家认同之价值的逻辑和事实的建构。

　　第一，作为国家共同体的国家认同的价值建构。这是从"文化—心理"
方面的国家认同的价值建构。在此进路中，根据主客体的关系模式，国家
认同的过程由两部分组成，即价值主体（公民）和价值客体（国家认同：
文化—心理）。同时我们应把认同的环境、认同的制约因素纳入国家认同过
程中进行考察和研究。[②] 认同的介体和认同的环境对认同的主体而言是种客
体。作为国家认同主体的公民构成国家共同体的成员，"作为一个公民意味
着归属于一个历史上发展的共同体"[③]。这样，作为公民认同对象的国家并

① 参见肖滨《公民认同国家的逻辑进路与现实图景——兼答对"匹配论"的若干质疑》，《中
　山大学学报》（社会科学版）2011年第4期。
② 对于国家认同的两种进路"文化—心理"和"政治—法律"角度的理解在学理上是成立
　的，但在认同的实践中两者不是孤立存在的，一者是另一者存在的环境或条件因素。
③ 〔英〕巴特·范·斯廷博根编《公民身份的条件》，郭台辉译，吉林出版社，2007，第49页。

非冷冰冰的国家政权系统，而是可以寄托情感、展开想象、满足归属的集空间领土、历史文化以及祖国同胞、父老乡亲于一体的国家共同体，因为国家共同体能"给人们提供一种'归属感'，一种'在家'的感觉"①。如果说在"政治—法律"进路中，公民对国家（政权系统）的认同遵循交换逻辑，满足的是公民生存发展的功利性需要，那么，在"文化—心理"进路中，公民对国家共同体的认同则符合情感归属逻辑，满足的是公民情感寄托、心理归属甚至灵魂归依的精神性需要。

第二，作为国家政权系统的国家认同的价值建构。公民对国家认同的理论逻辑是"政治—法律"进路，在此进路中，根据主客体的关系模式，国家认同之主体是享有公民权利和义务的公民，国家认同之客体则是与公民社会相区别的国家政权系统；国家获得公民认同最重要的条件是国家在以宪法为中心的制度框架下保障公民的基本权利，而公民对国家的认同则是对国家政权系统的认可与支持，构成国家统治合法性的基石。国家通过保障公民权利和提供公共服务以换取公民向国家纳税和对国家的认可与支持（即获得赞同性的国家认同），正是这种公民与国家之间的交换关系，构成了"政治—法律"公民身份、国家政权系统和赞同性国家认同在逻辑上匹配的依据。②

从上面的分析可知，国家共同体具有内在价值，是其本身甚至仅仅它本身就值得人们去重视，去追求，它是国家认同的本体性价值；相反，国家政权系统是国家认同的工具性价值，则仅是在于达到某种目的的手段。③

三　具体的概念

所谓国家认同的价值是公民和社会在国家认同"实践—认识"活动中形成建立的，以公民对国家"文化—心理"形成和"政治—法律"发展规律为尺度的一种客观的主客体关系，④ 是人的目的、需要与国家认同的效用相一致、相适应、相接近的关系。这种关系是国家认同在认同活动中和人

---

① 〔英〕布赖恩·特纳编《公民身份与社会理论》，郭忠华、蒋红军译，吉林出版集团有限责任公司，2007，第145页。

② 参见肖滨《公民认同国家的逻辑进路与现实图景——兼答对"匹配论"的若干质疑》，《中山大学学报》（社会科学版）2011年第4期。

③ 参见王莹《国家认同的价值诠释》，《学术论坛》2010年第12期。

④ 参见项久雨《思想政治教育价值论域及其教育意义》，《学校党建与思想教育》2003年第7期。

类社会进步活动中，合乎人的目的和发展而体现出的一种意义关系。

一是国家认同的价值中的客体是主体需要的对象，并且与国家认同过程发生直接关系。对此可从三个方面来理解：一是按需要的内容，可分为物质的（国家认同的手段、条件）和精神的（国家认同的意义）需要；二是按需要的性质，可分为社会的（主权的、秩序的、制度的）和个人的需要（归属的、安全的）；三是按需要的来源，分为主体生活需要和主体自身主观世界需要。在这里，主体生活需要是"存在着的我"的需要，主体自身主观世界的需要是"思想着的我"的需要。

二是国家认同的价值的主体是广义的人，主要是指处于一定历史中的人和人的群体，如社会、民族、国家、阶层、阶级以及社会团体组织等。从国家认同等外部来看，它包括其他国家、国际组织、外国民族团体及个人；从国家认同的内部来看，主要指一般人（国民、公民）、类别人（国内各民族、社会团体组织、政党）和类分子（个体人）。

三是国家认同的价值既不是国家认同作为客体存在的属性，也不是国家认同的价值主体的情感，也不是人自身或其本质、本性本身，而是作为主体的人在国家认同的实践、认识的活动中建立起来的特定的主客体关系。

第三节　国家认同的价值本质

通过给国家认同的价值概念界定，我们已经在头脑中勾勒出了关于国家认同的价值内容和结构，从而可以更好地理解国家认同的价值本质。

一　国家认同的价值本质的内在规定性

前面我们已经讲过，价值的本质在于人类特有的对象性活动，价值产生于客体的价值属性，在人类的生产生活活动中客体按照主体的尺度满足主体的需要。在这一过程中，主体依需要对客体属性的选择和评价的主客体关系就成为价值关系。价值认同的本质就是社会成员服从于统一社会价值观的态度。国家认同的本质的内在规定性主要体现在以下几个方面。

（一）国家认同的价值是公民特有的对象性活动

价值属人，这是毫无疑问的，只有人才有所谓的价值。国家认同的价值本质也不例外，那么，这里的公民如何理解，其指代的内容究竟包含哪些范围呢？从国家认同的定义可以知道，如果从国土、文化和政权来看，国家认同的主体应理解为国土上的公民，文化层面的公民和政权指称的公民；如果从构成国家的个人、集体和国家来看，主体范围应为个体公民、集体公民和国家公民。但是，无论是国土上的公民、文化层面的公民还是政权指称的公民，都不会游离于人类社会生活的个体与群体之外。因此，无论从哪个角度来看，国家认同的价值的主体还是应分为个体主体、集体主体和国家主体。也就是说国家认同的价值是个体主体、集体主体和国家主体的对象性活动。这个对象性活动的客体又是什么呢？由国家认同的价值的语句结构可知，国家认同的价值的客体是国家认同，国家认同的价值就是对"国家认同"的认同。而国家认同就是对国家功能或属性的认同。进一步推理，国家认同的价值就是对"国家功能或属性"的认同的认同。对国家功能或属性的认同范围较广，如国家的属人性或者说国家具有由人构成的属性，没有人也就不成其为国家。而人又具有文化属性、素质属性和体质属性等，但这只是国家认同，还没有上升到国家认同的价值层面，这只表达了一种现象，而我们研究的国家认同的价值要上升到它的意义系统。它要比物质的需求更具有价值，它是人类社会进步的决定性思想意识。这种意识的价值体现，不是一个人的意识，也不是一个社团或组织的意识，而是作为国民的共同意识，只有这样它的价值才得以凸显。而这共同意识的建构只有通过主体与客体的对象性活动才得以建立。

（二）国家认同的价值的核心是价值认同

价值源于客体或客观世界，但客体或客观世界对人而言其重要性不完全在于价值，而在于客体或客体的某些属性满足人的需要的事实关系。只有这种关系确立了，客体才对人有价值。由于构成客体属性的多样性，可满足人类的不同需求，客体的价值也表现出多样性。同时又由于人的需求的非永久性，客体的价值也表现出对主体需要的时效性。但是，价值的历史性和多样性必须建立在客体的主体化过程中，以为主体所需要为前提。主体的"为我性"和"自为性"与客体与主体对立的自身规定性以及客体对主体来说的自在性，规定了认同的方向——价值认同。国家认同的价值核心不是国家认同的所有属性意义，也不是历史的辉煌，不是未来的虚幻，而是当下，是当下蕴含于国家之中，作用于国家与公民之间，呈现于现实生活之上的价值认同。从某种意义上讲国家认同的价值是一种意识形态的建构，如国家认同的价值从微观角度讲，在于有利于主体的利益保证、安全保证及个人的自由全面发展；从宏观角度讲，有利于实现小康社会，实现中国梦，实现中华民族的伟大复兴；等等。

（三）国家认同的价值目标是国家共识

事物的多样性，以及事物属性的无尽性（对事物属性的认识是无限的）为主体价值多元体现提供了可能的安排，同时也为价值一元与价值多元的冲突提供了合理的诠释。萝卜白菜各有所爱，不同的人对同一事物可能产生不同的评价，这体现了个体的差异性。差异是自然法则，正因为如此世界才多姿多彩。然而人类的自由生活是有限的，多元的价值体现也会受到道法自然的归流，因为人是一切社会关系的总和，人不能脱离社会而存在。人类社会由族群到邦国再到国家的建构为的是寻求更大的发展，而国家的存在是有条件的，即我们必须认同这个国家，否则国将不国。然而这个认同不是一个人的认同，也不是一个组织的认同，而是国家公民对国家这一共同体的认同。这个对共同体的认同如果达成就是国家共识，这是国家认同的总体目标。

（四）国家认同的价值本质是社会成员服从于统一的社会价值观

这里的价值观严格意义上应被称为价值观念，是指人们内心深处的价值取向和价值理念，其持有形式是信念、信仰、理想，其来源在于人们价值生活的反映和实践体验，其功能是人们所持有的评价的标准系统。[①] 前面我们已经讲过，国家价值观念一般分为三个层次，即国家、社会和个人层面，分别主导国家意识形态、社会价值取向和个人信仰。在三者中社会层面的价值观最重要，它决定着国家意识形态的走向，是社会成员主体通过自身所持有的评价标准及其立场、态度、趣旨表现出来的成员服从于统一社会价值规范的行为。这种服从不是强制的，是自觉的、主动的，是在认同的过程中，个体成员不断调适、修正与社会价值观相抵触的自身观念，

---

① 参见李德顺《价值论：一种主体性的研究》，中国人民大学出版社，2013，第137页。

在人与人、人与社会以及人与国家的交往活动不断的反复中形成的。而这种共识一旦形成，就具有一定的稳定性，并成为人们价值评价和价值导向的依据。我们国家的社会主义核心价值观提炼为国家层面、社会层面和个人层面三个方面，具体表述为富强、民主、文明、和谐；自由、平等、公正、法治；爱国、敬业、诚信、友善。社会的"自由、平等、公正、法治"是国家"富强、民主、文明、和谐"的前提和保证，而公民的"爱国、敬业、诚信、友善"是社会层面社会主义核心价值观导引下的个体表现。但笔者认为尽管社会主义核心价值观是国民在三个层面上普遍认同的提炼，但要达到个人层面的自愿自觉的统一服从还需要国家致力于"自由、平等、公正、法治"的充分实现，以达到国民的广泛认同。

总之，国家认同的价值本质就是价值主体的需要——人、社会（人）、国家（人）的政治、经济、文化社会化的需要，以及这些需要与国家认同意义之间的对应关系的总和，是人的主体性与客体的客体性相联系而形成的国家认同价值的质的规定性的综合统一。

二 关于对国家认同的本质的认识

国家认同的概念兴起于 20 世纪的后半期，这一时期也是民族国家兴起旺盛期，个人主义与现代民族国家构成现代社会的两个基本点。个人权利与国家主权的冲突直接表现为民族主义运动的高涨，而意识领域则体现在国家的认同上。国家主权来源于个人自然权力的部分出让，这种权力的出让受一定的生产力和生产关系的制约与约定，当既有的生产力和生产关系不再协调时，个体从自身利益出发，重新调整自己出让的权力，这样原有的国家认同关系失衡，国家认同出现裂痕，既有的国家主权受到威胁。

正确认识国家认同的价值关系，我们就应该把国家认同的价值分为两种形态来考察。其一是作为意识建构的国家认同，它与生产劳动相区别，是国家与社会思想统一的互动生产。它着重从国家认同的内部矛盾说明"国家认同是什么"，即国家认同。其二是作为社会现象的国家认同，如果把整个社会看作一个有机大系统的话，从这个大系统看国家认同就会发现，国家系统和社会大系统内部的政治、经济、文化小系统不同，具有突出的维护社会和谐稳定、促进社会发展进步的现实作用。这些作用的发挥是通过培养提高公民素质，强化公民的责任意识、国家意识等，在国家与社会的良性互动中逐步实现的。它从国家认同与其他社会现象的区别来揭示"国家认同为什么",即国家认同的价值。国家认同是一种价值关系,国家认同的价值也是一种价值关系。国家认同的价值是对国家认同的认同,它建立在国家认同的基础之上,是国家认同的意义体现。

三 价值主客体特性

社会关系中普遍存在的价值关系,源于社会意识中普遍地存在着反映和表现这种关系的价值意识,价值意识是人类目的性活动的指针。总的说来,价值意识是人关于自然界、社会和思维的全部意识中有关价值内容的心理、思维、精神活动的总抽象、总概括。其中既包括个人的情绪和个性,也包括社会意识形态的基础和本质。因此,作为意识的国家认同的价值建构对于其认同主体的主体性和认同客体的客体性的认识至关重要。

要想搞清楚国家认同的价值关系,就必须分析国家认同价值关系中构成国家认同的价值关系的价值主体的主体性和价值客体的客体性。主客体双方具有不同的特性、地位、作用和意义,既对立又统一,二者的关系状态在社会历史运动中不断提高到新水平、达到新高度。一方面双方各自存在,另一方面"各自的存在"又不是主客双方的全部存在,而这种关系中表现出来的本质,就是在主体方面体现出主体性,在客体方面体现出客体性。

(一) 主体性

人的自然本性在现实社会关系中的体现,即人的对象性权利与责任。在国家认同的价值关系中,人是主体这是无须论证的事实,而且这里的人,既包括个体的人也包含广义的人——人类、民族、组织、团体等。只有人作为主体时,在与国家认同构成价值关系时他的人性才能构成他的主体性。下面我们将分析,人作为主体在国家认同的现实关系中表现出的特征。

1. 人自身的现实结构在国家认同中的规定性

作为一种实践存在物,人具有多方面的结构和属性,但人又是一个整体或总体,及人自身有着不可分割的内在统一性。身和心、自然属性与社会属性、社会意识和社会存在、物质存在和精神存在等既对立又统一的范畴就揭示了人所具有的内在统一性特质。国家认同的价值关系涵盖了人的物质性、精神性与价值性。从生命存在开始，人就立足于一个国家的概念之中，同时他又与周围自然和社会的物质条件有着必然的联系。这种联系物化到实践当中，由他的自然属性起步迈向社会属性，在这个过程中人的意识起了关键作用。人的精神存在如知、情、意等相互作用、反映并反作用于人的实践及其外部的关系，这是人的活动性质和方式的表现。在这个意识当中既有朴素的自然意识，也有人文意识、权利意识。这些意识无不带有地域和民族的特性——国家规定性，即人的存在、发展、需要都离不开国家的存在。在现代社会中国家是人存在和发展的前提和基础。

2. 主体的"为我性"是建构国家认同价值的逻辑起点

马克思强调"凡是有某种关系存在的地方，这种关系都是为我而存在的"①。人生活在国家之中，必然要与自然的、社会的、意识的存在发生关系，这种关系必然是以"利我""为我"为目的。这也是为什么人类社会能够繁衍发展的前提和基础。"为我"是主体性和主体意识的一个重要标志，是人类目的性活动的指针，在不同的层次下"为我"表现为"人类之我"、"社会国家之我"、"民族之我"、"群体或族群之我"、"社团组织之我"以至"个人之我"。除人类之我外，国家认同的价值关系中，其余的"之我"都有所体现。（事实上，人类之我在国家与国家的认同中有所体现，但这里不做具体讨论）这种"为我"不仅是主体存在和活动的起点，而且也是主体生产发展的归属。正是这种"为我性"建构起国家认同价值的逻辑起点。

3. 主体的"自为性"是国家认同价值实现的现实基础

作为主体在价值关系中必然具有自为的特性，具体体现为，主体与对象的关系是按照其自身的内在规定性构建的，具有主动性。主体的主动性，是在承认客体的基础上并按自己的意志去实践的一种人的自我表现。自为性具有实践意义，是人类知识向人类需要转化的动力。在国家认同的价值关系中，主体意识中对国家的认同不是一成不变的，他们不断地从对外的信息交流中获取影响或改变其自身内在规定性和本质的材料，通过分析判断来确定其自为走向。同时通过各种方式，包括"阻塞"等手段影响国家朝向自己认同的方向发展。这种力求通过自身活动改变国家或社会的行为，

---

① 《马克思恩格斯全集》第1卷，人民出版社，1975，第35页。

用德国社会学家乌尔里希·贝尔等的话说就是"自反性现代性"的"亚政治"。① 这些"亚政治"来源于全球化的经济自由唤起的民主协商意识，这既有有利的一面，同时又有不利的一面。利在于有利于国家朝向民众认同的方向发展，同时国家也被置于民族的监督之中，在这个过程中，人民和国家相互干预的视角得到了创造相互兼容的认同的视角补充；不利的一面是，可能为反对党和民族主义者利用，导致国家分裂和衰败。

（二）客体性

客体性就是对象性，即客体的性质和意义。当事物成为某一主体实践或认识行为的对象时，它所表现出来的特征，除了它本身必须是存在的，即具有外部客观性这一点外，还具有与主体对立的自身规定性及相对于主体的自在性。

客体事实如何是价值形成的前提，研究国家认同的价值就必须明确国家认同对象的对象性。对象性是客体在特定的价值关系中所集中体现出来的特性，它不代表客体的全部属性，只是特定关系中的属性体现。就国家认同的对象而言，广义地讲是指对国家领土、政权、文化的认同。狭义而言，国家认同是特指对国家基本制度、政治体制的权威性的承认，即国家的合法性问题，通俗地讲就是公民为何对国家政权系统、法律体系表示同意、赞同与支持。② 总之，土地、人口和权力是构成社会的三要素；而领土、公民和国家制度是构成国家的三要素。国家制度的最高权力及其组织形式是区别于社会而成为国家所特有的规定性。

在这里，国家制度是国家认同的价值实体，即国家制度事实如何体现着国家认同对象的内在规定性，它是国家认同的价值关系产生的前提。它与国家认同的目的共同建构了国家认同应该如何的价值体系。但是国家认同的对象也有它自在的一面，因为对于公民来说具有外在的独立性，国家的存在变化和公民的自主性并不一致，它需要主体活动与国家的价值认同一致。主体国家认同活动的不平衡、不一致，随着人的认识的变化而变化，

---

① 〔德〕乌尔里希·贝克、〔英〕安东尼·吉登斯、斯科特·拉什：《自反性现代化：现代秩序中的政治、传统与美学》，赵文书译，商务印书馆，2014，第18页。
② 周平：《论中国的国家认同建设》，《学术探索》2009年第6期。

这种变化表现为国家认同的增强或削弱，这也是主客体相互作用的过程。但是国家认同事实与"为我"目的的差异性，也导致了整个主客体关系中客体的异向性，突出了公民的自在因素。

（三）　自律和他律的统一是国家认同的价值实现的逻辑保证

所谓自律，就是人通过自身的尺度方式权衡后，调节自己的需要、目的的一种行为。主体履行对国家的义务时就是根据自己的需要、目的、能力等，并依此调整自己与客体的关系。主体的自律不是孤立的、纯然内省式的，这里包含了他律的因素。他律是指主体接受客体及各种客观条件的制约。① 当国家认同水平较高时，即国家意愿与公民意愿相一致时，公民的自律与国家的他律处于平衡状态。然而，自律与他律是辩证的统一，随着生产力的进步、经济的发展、民众的生活水平和认识的提高，原有的生产关系被打破了，原有的平衡也不复存在，此时民众在小心地应对这些变化的同时也在建构着新的平衡。在这一过程中，自律和他律是统一的，以自律为主，在自律中反映吸收着他律。作为主体的人从自身的尺度出发，把控着自身和客体的发展方向，在改造客体为自身服务的同时，必须承认客体、尊重客体，理解和服从客体规律，显示出自律性。客体作为对象以其客观秉性作用和规定着主体，这种作用和规定表现为规律和客观条件制约、影响、改变着主体。客体不断地"反射"自身的结果于主体，使主体从客体这面镜子中"修正"主体行为的走向，这就是客体对主体来说的他律性。因此，主客体自律与他律的统一是国家认同的价值实现的逻辑保证。

---

① 参见李德顺《价值论：一种主体性的研究》，中国人民大学出版社，2013，第 38 页。

第二章 国家认同的价值生成根源分析

价值主体的需要、利益和保障与国家认同的价值生成密切相关，理解国家认同的价值就必须搞清楚国家认同的价值生成根源问题，必须探讨决定价值主体需要形成的内部决定性因素、外部制度保障机制和生成的动力源泉及其相互关系。

第一节 国家认同价值生成的动因：价值主体的利益需要

众所周知，国家认同的对象是国家，它所观照的是国家的理念、制度与实践对人的意义。那么，国家认同的价值生成的前提就是国家的需要，即国家构成主体人的需要。

一 需要是国家认同的价值形成的前提

价值并不是外在于人类生存发展活动的某种先验的、神秘的现象，它产生于人类特有的对象性关系及其运动之中，产生于人类按自己的尺度去认识世界、改造世界的活动之中。而这个尺度就是人类从自身的需要出发的内在规定。

（一）需要是人的本性

李淑梅在她所著的《社会转型与人的现代化重塑》一书中指出：物质需要、秩序需要和意义需要共同构成了人的需要系统。[①] 人是生命体存在，物质需要是维持自身生存的第一需要，这一点与其他生命体并无区别。但是，人同时又是秩序需要和意义需要的承担者，具有区别于动物的社会性。

---

① 参见李淑梅《社会转型与人的现代重塑》，山西教育出版社，1998，第35~47页。

人的这一社会需要系统使人具有了人之为人的特性——人性，正是这一特性使人类与神类、兽类区别开来，人的需要才有了自由自觉的光辉。人类正是从兽性的需要到分工合作再到理想同构，走过了从无序到有序、从野蛮到文明的发展历程。从人区别于动物的属性表明，人类的存在是矛盾性存在。这一矛盾表现在人不满足于现世的生活，他们不断地摒弃现实世俗的生活，追求理想中的社会，而对理想生活的追求又脱离不了对现实世界的物质基础依托和意识的回顾，人类就是生活在这样的理想与实现的矛盾之中。正是人类的需要以及满足需要的实践活动的特殊性，决定了人不同于动物的独特性——人性。人性就是人在满足自身需要的社会活动中表现出来的特性，因此，马克思说："人以其需要的无限性和广泛性区别于其他一切动物。"①

（二）需要系统的辩证关系

人的物质需要、秩序需要和意义需要构成了人的社会需要系统，其各个方面是相互渗透的。从诸层面的结合方式及其矛盾关系的分析可以看出，物质需要作为最基本的需要始终贯彻在人的一生中。在社会生产力不发达的历史条件下，争夺生存物质是形成人与人之间矛盾的主要原因。在这一时期财富的分配、利益关系的协调，就成为必要。为了追求有序、合理、安宁的生活，社会秩序应运而生。同时，人们在获取物品、寻求获取的方法、建立组织形式以及分配物品的过程中，也逐渐意识到"规划"的重要性。这些懵懂的"规划"，正显示了人类对生存意义的思考。由此看来，人的物质需要同秩序需要和意义的需要是一个系统的不同层面，不论从纵向还是横向都表现出辩证的关系。对物质的需要引发对秩序和意义的需要，反过来意义需要的真理、道德和美的追求又渗透到秩序与物质的需求中，使之具有文化的内涵和精神意义。就意义需要与秩序需要而言，意义需要是人类征服自然、改造自然的历史记忆和经验总结的再发展，它的需要为人类的更好发展提供理性目标。社会秩序的建立是意义需要在个体构建有序的社会价值观念上的共同认可。离开了意义需要，没有意义需要和追求，社会秩序无以为继，同时社会秩序的效用程度又为意义需要提供反馈。而

---

① 《马克思恩格斯全集》第 49 卷，人民出版社，1982，第 130 页。

当"一旦社会失去了超验纽带的维系，或者说当它不能继续为它的品格构造、工作和文化提供某种'终极意义'时，这个制度就会发生动荡"①。社会意义需要不仅有维护社会秩序的功能，同时还有批判、破坏既有社会秩序的功能。因为二者之间本身就是一个动态平衡的过程。意义需求本身包含着理想化的物质需要和秩序需要。现实中，事物都有走向自然无序状态的倾向，在某种程度上这些需要有超越既有的现实规定性的趋势，其中的平衡点就在于意义追求的性质和内容。

（三）需要理论的层级需求是国家认同的价值生成的客观基础

按照马克思的观点，在未来，由于生产力的高度发展，物质需要对人类生存的制约已成为历史，秩序的需要伴随着国家的消亡成为人们自由自觉的生活，意义的需要则逐渐成为人们最为关切的对象。然而，在现代，秩序的需要和意义的需要仍然同样重要。秩序和意义需要的满足表明了国家认同价值研究的必要性，也提供其价值生成的可能性。思想引领行为，但价值引导思想，而价值与需要密切相关。人的诸需要层面之间既有的张力关系表明：需要结构影响人的活动方式从而也影响人的特性和发展结构。因为，人的需求结构与人性结构和社会结构同构，都是实践的创造过程。一方面，人的需求结构是社会结构在人的需求活动的投射；另一方面，社会结构反过来制约人的需要结构，从而影响人的创造力的发展，塑造成社会需要的现实的人。② 当人的需要结构与社会结构产生矛盾时表现为人与社会的认同关系，即社会认同，其本质上是精神和文化认同。国家认同是社会认同的一种，国家认同实质就是人的需要结构、社会结构与人性的内在同构。国家认同的价值就是人的需要结构、社会结构与人性同构实现的意义。国家认同的价值来源于人的需要理论，是国家认同的价值生成的基础。

二　价值主体利益需求是国家认同价值生成的动力

任何人类活动都起因于一定的利益和需要，并伴随着实践活动以一定

---

① 〔美〕丹尼尔·贝尔：《资本主义文化矛盾》，赵一凡等译，生活·读书·新知三联书店，1989，第 67 页。
② 参见韩庆祥《从需要出发研究人的问题的新思路——读〈社会转型与现代人的重塑〉》，《哲学动态》1999 年第 5 期。

的方式展开。法国哲学家爱尔维修就说过"利益是我们唯一的推动力"，"人永远服从他的理解得正确的或不正确的利益，这是一条事实上的真理"①。国家认同也不例外。民族国家的个人在追求自身价值目标的同时也追求国家层面的价值目标。不同价值目标产生冲突的根源是不同社会群体或个人与国家之间难免存在这样那样的利益差异、矛盾或对立。也就是说，国家认同的价值冲突，其本质是利益矛盾，因而，实现价值的主体利益是生成国家认同的关键所在。

（一）利益冲突的时代性——全球化与多元文化

伴随着全球化和网络化时代的到来，人的生存境遇也在发生着变化。人员、物质、信息的跨国流动带来文化的交流交融，因此带来的不确定性，引发人们对身份认同的反思，我是谁、从哪里来的问题日益成为人们必须时刻思考回答的问题。

认同即自我身份辨识，是"我是何人、属何群体"的问题。"全球化的发展，使世界范围内的社会文化出现多样性展示、流变性呈现和断裂性改变，所有这些都促使人们产生文化自觉。"② 人们原有的文化体系、社会结构、价值观念受到了前所未有的冲击，人们在扩大了视野的同时也有意识地检视自身文化特性，以求自我辨识。民族的"自我辨识"问题就会导致在全球化的时代激活起沉睡的或潜在的民族主义。

虽然国家认同被全球化进程不断侵蚀，但不管现在还是将来，国家还是最具权威与组织能力的共同体。多元文化的侵蚀，在丰富着我们自身文化的基础上，唤起了我们对自身民族文化的审视、挖掘与提炼，这无形中为我们提供了认同自身的动力。英国学者鲍伯·杰索普指出："在当前全球化的以知识为基础的经济当中，民族国家仍然重要，它不是正在消亡，而是正在被重新想象、重新设计、重新调整以回应挑战……"③ 因而，国家认同仍是国民最基本的认同，这根源于本民族文化基因的保障。正因如此，

①　北京大学哲学系外国哲学史教研室编《十八世纪法国哲学》，商务印书馆，1963，第 536 页。

②　韩震：《论国家认同、民族认同及文化认同：一种基于历史哲学的分析与思考》，《北京师范大学学报》（社会科学版）2010 年第 1 期。

③　〔英〕鲍伯·杰索普：《重构国家、重新引导国家权力》，何子英译，《求是学刊》2007 年第 4 期。

绝大多数国家极其注重开展国家认同教育，采用通识教育及文化媒体影响等方式方法，强化国民的国家认同，使族群认同的文化素养与国家认同的文化因素尽可能多地相互交叠。因此，在一个多民族的国家，为了维护民族团结和国家统一，必须把国家认同放在首位。

（二）利益贯穿着社会认同的支撑体系

社会认同的支撑体系主要有三个方面的内容：社会福利系统、社会组织方式和社会意义系统。① 利益来源于需要，需要有物质需要、秩序需要和意义需要。在国家层面，物质需要通过社会福利得到保障满足，秩序需要通过安全稳定的社会环境满足，意义需要通过国家政治权利、制度及其意义的供给来满足。从这个视角看来，利益的需要和满足贯穿着国家认同的整个支撑体系，是国家认同的原发性因素，是推动国家认同的根本动力。

国家福利系统是对国家社会资源的再分配的过程。李友梅等认为，由于国家福利系统关系民众的日常生活及其抵抗风险能力，国家福利系统的完善关系到民众对社会的认同。用贝克的话说就是，福利国家系统提高了个体的发展能力，但这也使个人对集体的依赖削弱了，人们一定程度上摆脱了"为生活而工作"的束缚，对于社会认同而言推动了个体化的发展。同时，民族国家通过福利系统这一中介，推动了个人与国家之间的关系，尤其是国民对国家的信任和依赖关系的重建，使民族国家的边界和现象在国民心中清晰起来，从而为从根本上解决民族国家认同的实现和强化问题提供了实践途径。② 在全球化浪潮冲击下，在一个有着不确定因素困扰着民众的当下，社会福利能够有效地在个人和社会日常生活环境之间建立起稳定的联系，给人民带来好处（如医疗、养老、义务教育等），从而推动民众对国家的支持。

对于意义系统而言，意义系统"具有潜在的模式维持功能"，这对于维护社会稳定团结意义重大。而意义系统产生于意义需要，意义需要又表现在国家政治权利、道德、文化等的供给，因此意义系统与国家认同之间具

---

① 参见李友梅等《社会认同：一种结构视野的分析——以美、德、日三国为例》，上海人民出版社、格致出版社，2007，第16页。

② 参见李友梅等《社会认同：一种结构视野的分析——以美、德、日三国为例》，上海人民出版社、格致出版社，2007，第16页。

有潜在的同质性。"意义系统由象征符号构成，比如知识、道德、法律、归因机制和价值取向等，一般通过传媒、教育、人际互动等途径发挥作用。"①国家认同则包含两个方面：一为国家认同的文化层面，即公民对领土、主权、主流文化传统、信仰等方面的文化认可和心理归属；一为国家认同的政治层面，即公民对国家政权系统、政治制度、治国理念的基本认同。国家认同的政治层面建构受国家认同的文化层面影响，埃通加·曼格尔指出"文化是制度之母"。文化是人类生存的意义需要，需要产生利益，利益推动人类对真理与价值的追求。同时，国家也是社会组织，"社会组织作为社会认同形成的另一个重要条件，它的功能在于向其成员灌输行动逻辑、塑造特定注意力分配结构以营造组织文化"②。文化与国家二者在意义系统的相互"贯通"推动着国家认同的建构。但是需要注意的一点是，在建构国家认同的同时不可抹杀个人的相互差别，应该以个人的相互差别为基础。国家认同是集体层面的意义系统，是外在于个人的集体力量，集体层面的意义相对于个人是外在的、客观的、结构性的。而个人认同的基础是个人，个人认同是通过个人自身经验、感受、选择和判断，然后对社会意义系统的把握、诠释和再建构的结果。国家认同是个人认同的"求同存异"。正如密尔在《论自由》中指出的"生活中主要涉及个人的那部分应当归属个人，主要涉及社会的那部分应当归属社会"③。集体意识要给个人意识留出空间，这样人们的社会生活才不至于过分沉重。涂尔干对此有深刻的评价，他认为只有这样整体个性和部分的个体个性才能得到同步的发展，社会才能够更加有效地采取一致的行动。④

社会组织方式是一个宽泛的概念，是秩序需要的社会表现形式，涵盖社会制度、部门制度以及家庭制度，既包括结构的也包含内容的。"社会组织方式是国家认同形成的又一个重要条件。它的功能在于向成员灌输行动逻辑、塑造特定注意力分配结构以及营造组织文化。"⑤ 不同的国家在不同的时期，理论上其意义系统和社会组织方式是匹配一致的。但是事实并不

① 李友梅：《重塑社会认同与探索社会自我调适系统》，《探索与争鸣》2007年第2期。
② 李友梅：《重塑社会认同与探索社会自我调适系统》，《探索与争鸣》2007年第2期。
③ 〔英〕密尔：《论自由》，顾肃译，译林出版社，2012，第79页。
④ 参见〔法〕涂尔干《社会分工论》，渠东译，生活·读书·新知三联书店，2000，第92页。
⑤ 李友梅：《重塑社会认同与探索社会自我调适系统》，《探索与争鸣》2007年第2期。

理想，即使在同一社会制度下、同一历史时期，其制度方式也由于意义系统波动而有所不同。因此，波兰把社会组织按同市场关系的特点分为：市场的（即自由主义）和保卫社会的（即集体主义）两种类型。① 相对国家认同的价值而言，本书所讨论的社会组织方式主要指国家层面的制度安排和治理模式，包括法律、法规及社团组织等，即这些社会组织方式对人们行为及日常生活起决定作用的行为规范。就国家认同而言，一国的大多制度是在本民族的发展过程中缓慢形成的，不论在组织结构和制度内容上都浸润着本民族文化，因此这些组织结构和内容具有稳定性。进入现代社会以后，以商品为代表的自由贸易，伴随着全球商品流动，推动了不同地域的文化流通、交融、碰撞、解构并重建着既有的组织结构与制度原则，这些不停的变因使人们对既有的结构与制度的安排产生了焦虑。李友梅等认为社会组织方式之所以被认为是国家认同的支撑体系的基础内容，主要源于三点：一是任何一种社会组织方式都内在地建立在某种理论或价值观念之上，这些观念和理论是人们在社会组织中从事活动和评价的内在标准；二是任何组织方式的建设必须建立在社会认同之上，需要人们的价值观对制度进行认可和支持；三是任何社会组织方式都直接关系到人们的利益，如政党背后就有一个或多个支配存在。"人们往往从自身的利益出发对这些组织自己的社会生活的制度进行理解、评价，并把这些理解和评价延伸到可知的支配者，形塑出对这些社会生活方式及其支配力量的认同或者反对。"②

以上三个领域，意义系统统领着福利系统和组织系统，围绕福利系统和组织系统的具体反馈将意义系统做出适当的调整。国家的认同的实质就是在利益的基础作用下，"国家层面的意识形态如何为理性和反思能力日益提高的民众接受并内化"③。

---

① 参见李友梅等《社会认同：一种结构视野的分析——以美、德、日三国为例》，上海人民出版社、格致出版社，2007，第23页。
② 参见李友梅等《社会认同：一种结构视野的分析——以美、德、日三国为例》，上海人民出版社、格致出版社，2007，第25~26页。
③ 参见李友梅等《社会认同：一种结构视野的分析——以美、德、日三国为例》，上海人民出版社、格致出版社，2007，第27页。

（三）从利益出发是促进国家认同形成的客观要求

现阶段，我国的主要矛盾是人民日益增长的美好生活需要和不平衡不充分的发展之间的矛盾。物质和文化的需求都是利益的需求，物质利益原则是实现中华民族伟大复兴的基础性原则，是夯实国家实力的政治任务、制度原则和核心目标。国家是否或在多大程度上满足国民对物质和文化需要直接影响着国民对国家的认同。马克思认为：立足于生产实践基础上产生出来的需求分为两种不同的历史形式，即"历史地自行产生的需要和社会需要"。前者是较为低级的需要，后者是在较为发达的社会分工和交换条件下的需要。前者是自然条件下的以满足人的自身需要的生产，发展缓慢；后者是在市场经济条件下的商品生产。生产成为社会交往的一种形式，从而被赋予社会化的意义。因此，生产由自然状态过渡到社会目的已不是简单的生产，而是包含了人类文化—心理和政治—法律的意识形态的意义。由此，生产已由简单的物的生产上升到意识的生产，并在人类社会的交往实践中始终没有离开以国家来定义的界限，既包括地域的界限又包括政治的，维护这一界限在一定的意义上就成为国家认同的客观要求。许多国家的解体或动荡不安的主要原因还是由于经济利益的冲突，对此许多国家心知肚明。在我国，十八届五中全会明确提出了全面建成小康社会的目标要求。这一要求的中心思想就是发展经济，提高国家治理能力，致力于解决制约人们不断增长的物质文化生活的需求的矛盾。由此看来，不论是发展经济还是提高国家治理能力其目的都是提高人民的生活水平，改善人民的生存环境，提高人民的文化素养。而这些目标的实现攸关人民的福祉，它的实现将极大地激发公民的爱国热情，增强国民的自信心和对国家的依赖感，而这些正是实现国家认同的意义因素，因此说从利益出发是促进国家认同价值生成的客观要求。

第二节　国家认同价值生成的基因：文化

自从 1996 年塞缪尔·亨廷顿《文明的冲突与世界秩序的重建》出版以来，人们对文明的理解有了进一步的认识，人们开始重新审视文明对社会生活各个层面的影响和作用。正如这本书所描述的"无论这篇文章还产生了什么效果，他已触动了各个文明中的人们的神经"①。文化重新引起人们的重视，一些哲学家和社会学家纷纷从文化的视角来分析一些生活中模糊不清困扰人们的难题，结果让人们豁然开朗。当然，并不是说文化解决了所有问题，但最起码或许是找对了方向。亨廷顿从文化的角度分析世界的冲突所引起的反响足以说明这一点。下面从三个方面说明文化是国家认同的价值生成的基因。

一 文化是人为的编码与为人的指向性的统一

文化是一种编码。编码是信息从一种形式或格式转换为另一种形式的过程。"编码"是计算机技术中使用最为广泛的一个概念，它是为完成某个计划或任务按照预先设定的方法和步骤的数字语言代码（即程序）。而文化是什么呢？我们先看看格尔茨的两个观点："第一个是，最好不要把文化看成是一个具体行为模式——习俗、惯例、传统、习惯——的复合体，直到现在大体上都是这样看待文化的，而要看成是一个总管行为的控制机制——计划、处方、规则、指令。第二个观点是，人明显地是这样一种动物，他极度依赖于超出遗传的、在其皮肤之外的控制机制和文化程序来控制自己的行为。"② 正如上面提到的，许多学者是从人们的习俗、传统、习惯、语言等人的行为体现来定义文化的。如当代英国文化人类学家泰勒（1832~1917）在1871年写的《原始文化》一书中对文化所给予的定义："文化或文明是一个复杂的整体，它包括知识、信仰、艺术、道德、法律、风俗以及作为社会成员的人所具有的其它一切能力和习惯。"③ 而事实上文化的根本属性是他的编码的序列性。人的活动是以人所特有的编码实现人的愿望和目的，文化行为或文化活动具有程序化特征。背离某种文化也就是某种编码序列的失序或缺失。文化的编码序列是在其实际的活动过程中表征出来的。人类社会的发展过程，就是文化的代码的编制过程。不同的文明有着不同的文化序列——文化基因，我们可以从任何一段文化编码中找到对应的文明类型。

---

① 〔美〕塞缪尔·亨廷顿：《文明的冲突与世界秩序的重建》，周琪等译，新华出版社，1998，第1页。
② 〔美〕克利福德·格尔茨：《文化的解释》，韩莉译，译林出版社，2008，第49页。
③ 〔英〕泰勒：《原始文化》，蔡江浓编译，浙江人民出版社，1988，第1页。

文化编码是"人为"的。现代科学证明，一般意义上的基因序列是普遍存在的，生物物种是遗传编码规定的也是其在自然界中呈现多样性的依据。文化作为自然形态的"伴生物"是人为的东西，是人为自己确定的交流方式、方法、规则、目标、途径等的编码。① 马克思主义文化观认为，文化在本质上是人类历史活动中，外化和对象化的自身本质力量，以改造利用客观世界并确证和发展自我本质的过程和成果。在这里，一方面，文化体现了一种本质力量对象化，即"人为"；另一方面，外在世界对人自身本质力量起着丰富和发展的作用，即"为人"。但是，文化作为主体与客体相互贯通的桥梁，这个文化进入人本质力量的过程不是随意的或任性而为的。老子讲"人法地，地法天，天法道，道法自然"②。人是来自自然、效法自然而又超越自然的。

文化编码的"为人"指向性。文化的编码序列具有人为性，而人为不是盲目的，而是有指向性的，即"为人"而"人为"，其目的为"化人"，即教化于人。文化编码和文化的指向互为依存。文化的指向具有目的性，文化的编码具有文化实现的工具性。在人类文化的创造过程中，无论离开指向的编码抑或离开编码的指向，都是不可想象的，二者在人类文化中是内在的统一，文化是内含于为人取向的目的性之中的。从文化的价值角度讲，毫无疑问，人是文化的主体，同时文化具有主体性特征，其价值在于教化于人，为主体的自身自由全面的发展提供发展生产力与和谐生产关系的能力支撑。在这里，"文化所涉及的不仅仅是主客体的关系，更是主体间的关系"③。人不仅是文化的创造者和所有者，而且是文化的主体承担者。因此马克思说："人懂得按照任何一个种的尺度来进行生产，并且懂得处处都把内在的尺度运用于对象"，"正是在改造对象世界的过程中，人才真正地证明自己是类存在物……自然界才表现为他的作品和他的现实"。④ 由此看来，文化是以人为中心的，离开人就无所谓文化，也不会存在人的文化活动。

总之，文化从人出发，因人而出现和发展，又由人发挥作用，教化于

① 参见郭湛《文化：人为的程序和为人的取向》，《中国人民大学学报》2005年第4期。
② 王弼：《王弼集校释》，楼宇烈校释，中华书局，1980，第65页。
③ 郭湛：《文化：人为的程序和为人的取向》，《中国人民大学学报》2005年第4期。
④ 《马克思恩格斯文集》第1卷，人民出版社，2009，第163页。

人类，服务于社会。在这个意义上讲文化是"人为性"与"为人性"的辩证统一。

二　文化是民族传承的符号与文化自觉的条件

文化总是和民族相关联，不同的民族其文化符号系统不同。文化符号是一种文化的表意系统，它蕴含了许多独特、深沉的象征意义，并表征了民族文化的特殊性。中华民族蕴含 56 个民族的文化于一体，中华民族文化各美其美，美美与共，形成了中华民族价值观和中华民族精神。文化自觉是以一定的文化为其对象建立的自觉认识，其根基和前提是文化认同。

文化具有符号性特征，带有民族特色，民族文化是民族记忆的符号表达。符号是社会所接受的、以集体习惯和约定俗成为基础的文化表达手段。民族文化符号正是在一定的符号记忆的事实基础上，人们在漫长的历史实践中不断赋予其主观情感。民族文化符号隐含了该民族特有的价值理念和精神气质，是民族文化的外化和载体。这些符号具有以下特点：一是民族性，民族文化符号蕴含着民族语言、民族地域、民族心理和民族生活特点的文化信息，是得到"民族共同体"成员普遍认同和接受的文化表象；二是传承性，文化不是一蹴而就的产物，是人们在漫长的生产生活中不断加工、创造、赋予意义，经由一代一代的群体成员的加工传承，并不断地被赋予新的内涵，不断丰富发展；三是情感性，涵盖理性和非理性的情感诉求，是民族心理的感性告白。[1] 民族文化这些符号是一个多层级的系统，包罗多种象征符号及其链条，赋予和呈现出该民族的独特特征，如语言文字、神灵观念、风俗习惯、图腾、节庆日、传说和英雄人物等。这些符号有的与民族起源有关，有的体现民族特色，有的体现民族心理，有的体现民族团结，有的体现共同理想，等等。[2]

民族传承的符号是民族共同的历史文化记忆。民族文化符号是在长期的社会实践中形成的，民族成员对自身的文化符号有着强烈的情感认同和心理归属，以此为基础建立对民族身份和民族国家的认同。文化身份认同，

---

① 霍桂桓：《论作为文化软实力之载体的符号》，《哲学研究》2010 年第 6 期。
② 参见刘莉《全球场域中民族文化符号的传承与创新》，《广州大学学报》（社会科学版）2010 年第 12 期。

既包含民族身份认同，也包含在多民族国家中在民族认同层面之上的国家认同。国家认同依托于民族认同，民族认同依托于共同的历史记忆，即对民族传统、价值和符号的共同承认。共同的历史记忆是民族认同和国家认同形成的先决条件，其表现如下。首先，民族认同的前提是民族历史记忆，对民族历史的认同表现为对"我是谁"的回答，对我"从哪里来""现在何处""将去何方"等"历史密码"的寻求，使人走向民族历史记忆的深处。共同的民族历史记忆为身份认同提供答案，并在全民族的共同体验中进一步强化民族的记忆。其次，民族认同和国家认同包含着历史记忆，对民族共同体的认同有民族认同和国家认同两个层次。在多民族国家，多民族的共同认同植根于彼此共享共有的历史记忆，如共同抵御外敌入侵、应对自然灾害以及共同铸就辉煌历史等。最后，历史记忆是共同的文化心理产生的内在条件。历史记忆产生了"仪式与典礼、习俗和节日、传统与象征符号，每一代人都以此来纪念和赞颂民族"[①]，在民族文化活动中，文化象征符号反复被提及、重现与塑造，促使民族成员中产生对本民族的"文化—心理"归属感，并使各成员在彼此交往中体验到快乐。与此同时，一些直观感性的文化符号在交往中不断被证实、培育、传递。这样，民族的价值观念、心理素质、情感体验就慢慢地形成并积淀起来了。同时，这些内容又以文字的形式展现、语言的方式传播，情感的交流表达，形成新的符号系统。斯图亚特·霍尔指出："文化身份既是'存在'，又是'变化'的问题，它既属于过去同样也属于未来……与一切有历史事物一样，它们也经历了不断的变化。"[②]

文化是文化自觉的逻辑前提。对于文化与文化自觉关系的理解，我们首先应该从考察文化自觉的内涵开始。因思考视角和关注层面的不同，人们对文化自觉内涵的理解和概括也不相同。学者对文化自觉表述较多，本书是对国家认同的价值有针对性地阐述己见。第一，作为认识论范畴的文化自觉，是作为认识主体的人对文化（认识客体）的认知把握，表现为对文化变迁发展本质规律的认识评价。第二，作为价值论范畴的文化自觉，

[①] 〔英〕安东尼·D. 史密斯：《全球化时代的民族与民族主义》，龚维斌、良警宇译，中央编译出版社，2002，第 181 页。

[②] 〔英〕斯图亚特·霍尔：《文化身份与族裔散居》，罗钢、刘象愚主编《文化研究读本》，中国社会科学出版社，2000，第 211 页。

是人们在文化价值选择建构过程中的一种价值取向。通过自觉与不自觉之间的对比度和反差性揭示和展现社会发展中的自在性、自发性和自为性。第三，作为实践论范畴的文化自觉，实践是社会生活的本质，是人之为人的存在方式。文化自觉是人对自身社会实践活动的自觉，反映了人类所独有的对理想世界的把握和客观规律的尊重。从对文化自觉内涵的理解出发，我们不难看出不论从认识论、价值论还是实践论角度理解，文化自觉的前提都离不开文化，没有文化也谈不上自觉。国家认同本身包含了文化的认同，而文化认同的前提与基础就是对文化的自觉。因此，文化自觉就应该是国家认同"文化—心理"层面的认同前提和基础。理解了这一点，我们就不难理解文化自觉在国家认同中的地位和价值。文化自觉根源于人的文化主体性及人的文化意识觉醒，是人对自我的文化认识和反思时自觉建立起来的文化价值观念。从当代社会发展实际和增强中国特色社会主义文化认同出发，在人的生产生活的实践过程中，文化自觉对人及其存在状态、现实使命、未来走向的理解把握意义重大。这种自觉不仅是种思想观点，更是种主动追求、自觉践行的理性态度和文化意识，它以文化为前提，是对文化的一种批判、扬弃、超越和创新的实践过程。所以，文化自觉是把文化意识体验和文化价值反思结合起来的文化实践理论，影响着意识形态，左右着人们的思想，决定着国家的认同方向。

文化是文化自觉的价值源泉。文化自觉实质上是一种目的性反思，表现为价值建构和价值追求，属于价值论范畴。对不同文化主体而言，文化自觉具有差异性，观点相悖的文化自觉意识，是由文化主体所信奉的价值取向不同所造成的，但都各自代表着各自的价值观念。文化自觉表现的价值取向的自觉，正体现在国家认同的非强制性上。价值理念是文化的核心和灵魂，文化自觉内含着对核心价值的认同。这种价值具有强烈的方向特指性，是文化主体的特殊价值取向和利益所在。人的目的和需要具有多样性、多元性，决定了文化实践活动的多样性、多元性。因而，文化自觉体现了不同的价值主体在选择和构建文化体系中所秉持的价值观念。利益主体不同，文化自觉便不尽相同，例如西方文化霸权主义、日本武士精神以及中国儒家思想等不同的文化思想，反映着不同文化自觉的价值观念。

综上，民族文化自觉的对象是民族传承的符号。文化自觉也就是人们观念中的民族传承符号是什么，人们如何认识本民族的民族传承符号的文化意识。这些独特的文化意识形成了各自民族的价值观和民族精神，成为民族认同和国家认同的价值前提和基础。

三　文化是国家认同价值生成的纽带

按照国家的三要素说，国家是由土地、人和权力构成的，人们在一定的疆域生活，在交往中并结成社会，直到国家的出现，人类在这一过程中不断地积累经验、思考生活并孕育着文化。文化自始至终贯穿在人类生活的每一个细节之中，人类留下的每个脚印都深深镌刻着文化的痕迹。国家认同就是人们对于所属国家的自我识别，即把自身与国家所荷载的文化与自身主体文化的同一性互映，是自身文化与国家文化的统一性辨识。我们知道国家认同可以从"文化—心理"和"政治—法律"两个层面来理解。对于"文化—心理"层面文化在国家认同中的作用自不必说。我们主要谈谈"政治—法律"层面文化的纽带作用。在这个层面上，首先我们倾听一下丹尼尔·帕特里克·莫伊尼汉的解释："对一个社会的成功起决定作用的是文化，而不是政治。开明地说，真理的中心在于，政治可以改变文化，使文化免于沉沦。"[①] 每一种政治的权力都包含着一种文化的支撑。从执政理念到制度的制定与实施，都离不开特定的文化的维系。美国学者埃通加·曼格尔不无感慨地说："文化是制度之母。"为维持统治、实现政治目标，政治国家通常需要文化认同上的支持，一种政权倡导的文化被人们认同接受后，这个政权就可能被接受，这样可以使政权获得稳定性和凝聚力。借助文化认同，国家政权可以预防和抵制大规模暴力冲突，降低生存成本。文化通过对国家认同产生直接或间接、积极或消极的影响，具有规范引导政治行为的强大功能。文化对国家认同价值生成起的纽带作用，可从文化与政治的相互影响中加以理解。

（一）文化影响政治

通过政治社会化途径，文化可以弥合裂缝、缓和矛盾、引导观念，这些功能使其在政治上发挥积极作用。政治的文化性特质已成为施政的基础

---

① 〔美〕塞缪尔·亨廷顿、劳伦斯·哈里森主编《文化的重要作用——价值观如何影响人类进步》，程克雄译，新华出版社，2002，第3页。

和出发点，成为建设共同生活的重要途径。

首先，政治文化的认同是政治系统持续稳定的基础。政治信仰是政治制度的反映，政治建国是其建立与变革具体化，它的稳定需要法律规章制度来保障。社会大众对政治系统、政治目标的积极态度有利于政权稳定，对既定政治理想、价值目标、行为规范等产生怀疑时，原有的政治价值取向变化或被抛弃，社会缺乏共识时，政治稳定将被破坏。而稳定、法治、高效的社会环境正是和谐社会文化的客观反映。文化通过沉淀于制度、规范、秩序以及道德等的深处，内在地影响国家的政治。国家认同表面是政治的认同，但实质是政治合法性后文化的认同。所以，建设同质性公共文化，有利于引导社会大众以理性合法方式化解冲突，促进稳定和谐。

其次，文化对国家认同具有重要意义。为维护政权统治、达成政治目标，需要一种具有凝聚力的文化赋予政权合法性和权威性。尤其是一个民族或国家的传统文化，既具有稳定性又具有传承性，如果政权包含了这种文化，民众也就能顺从这一政权，形成国家认同。因此，古今中外任何一个国家都力求将一种文化内化于国家政权当中，塑造有助于增加民众对国家认同的文化，而这种文化认同一旦形成，就能达到内稳。如中国古代从黄老学说到独尊儒学就是一个典型的案例。文化与政治的互渗，产生了可称为文化政治的政治新形式。文化与政治互渗互融使文化已不只是解决政治争端的一种凭借，而表现为政治冲突本身。"文化政治"时代，以"现代化""民主化"为特征的日常生活世界更受人们关注，个人逐渐从特权和层级的非平等状态下解放出来，而文化本身已悄然在权力和斗争的场域凸显。"文化政治化意味着将语言、手势、具体化形式和行为举止的形式、形象、交互式社会习俗等带入到明确的反思之中……使它们成为公众讨论的主题，也使它们成为明确的选择和决定的事务。"① 由此看来，传统的以马克思主义学说为代表的阶级斗争理论正以文化的新形式展露出来。事实上，文化对政治的制衡作用，先人深谙其道，从中国古代帝国的统治到西方历代民族国家重建，国家认同形成都具有文化建构的特点。宪法的实施有助于形成公共的政治文化，这种文化制度选择是国家认同认可的。由此可见，文

---

① 〔英〕昆廷·斯金纳、〔瑞典〕博·斯特拉思主编《国家与公民：历史·理论·展望》，彭利平译，华东师范大学出版社，2005，第156~157页。

化政治还需要以宪法和法治为导向的政治教育，以便使价值观和文化传统不同的社会大众通过交往理性和平等商议逐渐形成一致的政治文化认同。通过这种形式使传统的道德以最大限度得到法的形制，并深刻地根植于自由的政治文化情境之中，得到法之外的道德与法的同治。目前，阻碍国家认同的正是公共舆论和公共意志与政治的有效互动，政府对此已有了清醒的认识，并通过改革积极创造这种在公共领域对话协商的良好氛围，促进公共舆论、意志的发育成长。目前，在国家认同建构过程中，"政治—法律"层面上，学习借鉴西方的现代民主制度是必不可少的；"文化—心理"层面上，仍然以传统的儒家思想和传统的历史文化为认同对象。事实证明，这远远不够。现代的民族国家认同，不是简单的传统文化认同与现实政治体制的认同，而是要在尊重传统的事实性认同的基础上，加强以主流政治文化为导向的共同体意识建设。也就是说，增强民族国家认同，就要加强以文化为基础的政治共同体建设。

（二）政治影响文化

政治和文化都是属人的。亚里士多德曾言"人是天生的政治动物"。任何具体的文化形态必定会受到特定的政治因素的影响，表现为政治制度、意识形态、政治信仰等的熏染。文化取向不是一个真空地带，而是与政权的政治目的密切契合。[①] 政治通过制度政策的制定及实施对文化产生影响。20 世纪以来，民族主义思潮所引发的种族冲突、战争、屠杀、恐怖袭击事件时有发生，这些悲剧"暴露出了不同形式的民族问题之间在内容和本质上的相似和一致，也暴露出在不同表象后面隐藏的内在逻辑统一以及世界体系结构危机症结所在"[②]。这种症结，一种是政治的，另一种是文化的。政治来源于文化，但又不同于文化，它是附有强制力的，可以付诸暴力向外宣称自身文化的意志。这种政治的有形化（如军队）通过暴力展示自身文化的意义，从而强化了本民族对自身文化的认同。在此意义上政治影响文化。然而暴力的有害性是不言自明的，和平与自由是每一个民族都追求的理想目标，这样如何"创造出一种既有统一性又有包容性、适合各种族

---

① 参见郑晓云《文化认同论》，中国社会科学出版社，1992，第 190 页。
② 王建娥等：《族际政治与现代民族国家》，社会科学文献出版社，2004，第 1 页。

文化背景的个人和群体共同生存发展的政治空间和保障机制"①，就显得尤为重要。这表明政治正在寻求一种"共识文化"来解决冲突的问题，在此意义上，政治影响着文化的走向。而这种"共识文化"的形成源于共同的价值观念，困难在于这不仅要求国与国的共识，还要求一国之内国民与国家层面的共识的统一，因为不同的国家其"文化—心理"是不同的，这是关键。由此，现当代国家认同的实现不单单是国内的认同，更是涵盖了国与国之间的共识以及国民对共识的认同，例如，对欧盟等大共同体的认同。可以看出，每种政权体制对认同产生影响的直接强制性因素或间接引导性因素虽不能彻底改变整个国家的文化认同，但对于认同的价值取向却起着相当重要的作用。

政治影响民族意识的变化。民族意识也可以说是族群或种群的意识，在多民族国家，它表现为其内部各民族的共同价值意识。而个体的民族意识是民族意识的外在表现，是在多民族社会环境中逐渐形成并固化的。不同民族受各自独特环境影响形成了体质、心理、文化等多方面差异。但随着社会发展程度的不断提高，在信息化的带动下，人的不断密切的沟通交流，带动了文化的交流与碰撞，文化在交流中不断趋同，族群差异逐渐消失。概言之，差异是民族意识的根源，族群之间的差别越大，其民族意识就越强烈，反之，就越淡漠。同样，一个民族内部交往交融的强弱也决定民族意识的强弱。"当今社会对公正的辩论是围绕着因全球互动和相互依存现象而产生的政治平等和文化差异之间的紧张关系展开的。"②

最后，政治通过国家现象、国家仪式影响文化。文化对国家认同的作用不仅贯穿于社会生活的各个环节中，而且表现在国家层面的象征意义上，如国徽、国旗、国歌等，以及一些重要的国家仪式，如阅兵等。不同的表象所代表的意义系统，深深地铭刻在国民心中。对历史上的英雄人物崇拜和对一些非物质文化遗产想象，都极大地激励着国人自豪感和爱国情怀。

总之，文化是民族国家政治共同体得以存在和发展的纽带。一方面，文化认同是各民族文化的认同，各民族所包含的文化意义为民族国家的建

---

① 王建娥等：《族际政治与现代民族国家》，社会科学文献出版社，2004，第1页。
② 〔英〕昆廷·斯金纳、〔瑞典〕博·斯特拉思主编《国家与公民：历史·理论·展望》，彭利平译，华东师范大学出版社，2005，第143页。

立提供了文化思想的合理性；另一方面，民族国家的巩固也需要文化认同。国家通过各民族所形成的共同文化意识，形成统一的民族共同体，如中华民族共同体。

第三节　国家认同价值生成的保障：国家制度

亚当·斯密认为，国家的目的是保护社会，保护公民，为社会提供公共服务和公共设施，[①] 这正是公民认同国家的基本要求。而这些目的或要求的实现需要平衡个人自由与社会秩序之间的矛盾。为解决这一矛盾，实现更大意义上的自由，需要全社会对个人自由的限度达成共识，共识的外化就是制度化。"制度化是组织和程序获取价值观和稳定性的一种进程。"[②] 个体身份认同的基础是利益需求的满足，而想要增强国家认同，既要重视国族重构和文化融合即"文化—心理"的塑造，还要建立制度认同的基础即"政治—法律"保障，多维立体地编织国家认同的架构。因此从这个层面来说，国家制度是国家认同实现的保障。

一　制度的价值约束性和价值规范性保障

制度的意义来源于拉丁文［institute（e）］，表示"创立或建立"之意。诺思认为："制度是一系列被制定出来的规则、守法程序和行为的道德伦理规范，它旨在约束追求主体福利或效用最大化利益的个人行为。"[③] "制度是提供人类相互影响的框架，它们建立了构成一个社会，或更确切地说，构成一种经济秩序的合作与竞争关系。"[④] 后来人们把制度与社会系统联系起来。吉登斯在《社会的构成：结构化理论大纲》一书中说"时空延伸程度最大的那些实践活动，我们则可以称其为制度"[⑤]。康芒斯认为，"我们可

---

① 杨光斌主编《政治学导论》第 4 版，中国人民大学出版社，2011，第 97 页。

② Maurice Duverger, *Political Parties*, New York: John Wiley, 1954, p. 426.

③ 〔美〕道格拉斯·C. 诺思：《经济史中的结构与变迁》，陈郁、罗华平等译，上海三联书店、上海人民出版社，1994，第 225～226 页。

④ 〔美〕R. 科斯等：《财产权利与制度变迁——产权学派与新制度学派译文集》，刘守英译，上海三联书店、上海人民出版社，1994，第 377～378 页。

⑤ 〔英〕安东尼·吉登斯：《社会的构成：结构化理论大纲》，生活·读书·新知三联书店，1998，第 80 页。

以把制度解释为'集体行动控制个体行动'……从无组织的习俗到那些许多有组织的所谓'运行中的机构',例如家庭、公司……以及国家"①。休·E. S. 克劳福德(Sue E. S. Crawford)和埃里诺·奥斯特罗姆(Elior Ostrom)认为:制度的显著特征是实现某种均衡,维护稳定;制度还表现为规范、规则,这种规范离不开个体的认同一致性,如果制度得不到认同,制度也将失效或带来低效率,为了维护制度,违背者将会受到惩处。总之,制度是人类行为的结果。人类在漫长发展过程中不断寻求着自由,同时也被规范着自身的行为,规范的外在表现就是制度。因此,制度就是一种规则或规范,这种规则从根本上表明一种双向互动的制约关系。它在宏观层面表现为法律、产权、契约、宪政等,微观方面则包括社会组织、企事业单位以及人际交往中的规范、指令、章程、纪律等。正式的表现为宪法、法律,非正式的体现在价值、意识形态、习惯和道德等方面。制度是公民社会的普遍存在形式,它构成了现代国家的基础。

制度的有价性。首先,制度是主体观念和文化的表现形式。从社会哲学的角度分析,观念是"政治合作的资源、政策行为合法化的手段、政策选择机构的认知框架、政策工具和制度变迁的催化剂"②。制度不仅是正式程序和规范,也是符号系统、认知规定、道德模板,还是具有共同价值观的文化。它为人类行为提供了意义框架,约束着人们的行为。因此埃通加·曼格尔指出:"文化是制度之母。"③ 其次,制度还体现为某种结构性的安排,表现出制度的为我性价值,即人与制度的关系中,制度是为"我"而存在的。如组织,在政治生活中,主导着人们政治生活的基本因素就是组织,"现代经济和政治体系中的主要行为者是各种正式的组织,法律制度和官僚机构是当代生活的支配性角色……政治制度、政治组织等在塑造个人行为动机和偏好方面都发挥着重要作用"④。最后,制度的合理性与合法

① 〔美〕康芒斯:《制度经济学》上册,于树生译,商务印书馆,1962,第86页。
② Klaus H. Goetz & George Philip, "Transferring 'Good Governance' to Emerging Democracies: Ideas and Institutional Change," Paper Presented at the 96th Annual Meeting of the American Political Science Association, Washington, 31 August to 3 September, 2000.
③ 〔美〕塞缪尔·亨廷顿、劳伦斯·哈里森主编《文化的重要作用:价值观如何影响人类进步》,程克雄译,新华出版社,2002,第119页。
④ James G. March & Johan P. Olsen, "The New Institutionalism: Organizational Factors in Political Life," The American Political Science Review, Vol. 78, 1984.

性价值。制度的合理性就是指制度的制定是符合事物的客观规律性，制度的合法性就是指制度制定的自为性，即被我认同，以"我"为中心。

制度的价值规范性。我们知道自然界是有序运行的，从日月阴晴圆缺到四季春夏秋冬。人类是自然的一部分，因此人的生命活动亦是有序的。除了自然赋予人类的动物性生存本能之外，人类还具有区别于动物的"人性"。用马克思的话来说就是："人的本质不是单个人所固有的抽象物，在其现实性上，它是一切社会关系的总和。"① 正因为人是一切社会关系的总和，因此人也就具有了社会规范的特性，而社会规范的实现需要社会秩序的安排。社会秩序就是社会组织化存在的状态，李普塞特称之为"社会得以聚结在一起的方式"②。为什么人类要聚集在一起呢？这是因为人类的生存需要一个安全的、稳定的、连续的、有机的统一体，只有这样才能确保人类的繁衍发展与进步。马克思说："法的关系……既不能从它们本身来理解，也不能从所谓人类精神的一般来理解，相反，它们根源于物质的生产关系。"③ 因此，秩序是按照人类的生存发展规律逐渐建立起来的，作为秩序的规范性表现——制度从其产生开始就是对人有效用的，它体现了主体在面对客体时主体自身间的组织关系。这种关系就是约束与被约束，激励与被激励的关系。社会秩序对于一个社会的普遍意义在于"没有社会秩序，一个社会就不可能运转"④。然而，有序的社会必然制约人们的自由，显然这是矛盾的。制度的价值规范性在于，制度的制定源于普遍的同意的基础上，并且是以组织共同的价值目标和总体发展为共同指向，是人类自为性与为我性的统一，是个体利益与整体利益的统一。

制度对于国家认同的作用。传统的理论惯于强调制度的约束性而忽视了制度的价值规定性及制度对人的效用性。这种约束性的分析方法只注意国家认同中政治层面的强权要求，忽视了社会、历史、政治、文化、心理等因素在社会认同中所起的作用。正如美国经济学家加尔布雷思所说的必

---

① 《马克思恩格斯文集》第 1 卷，人民出版社，2009，第 501 页。
② 〔美〕西摩·马丁·李普塞特：《一致与冲突》，张华青等译，上海人民出版社，1995，第 12 页。
③ 《马克思恩格斯文集》第 2 卷，人民出版社，2009，第 591 页。
④ 〔美〕布罗姆利：《经济利益与经济制度——公共政策的理论基础》，陈郁等译，上海三联书店、上海人民出版社，1996，第 55 页。

须从"正统派国家观"制造的"权力就是一切""一切为了权力"的错误思想下解放出来，建立以个人的"独立性"和以"公共目标"为衡量尺度的新的价值准则。由此看来，我们的局限就在于，现有的国家认同研究过度强调从纵向的角度去研究制度的产生、发展及其演变过程，而没有很好的关注制度结构的合理性，并没有通过对社会某些制度弊端的揭露，指出制度结构变革的方向。加尔布雷思在研究传统凯恩斯的经济原理时深刻地洞察到对结构本质的研究比对增长率的研究更合实际，制度目标比经济增长目标更重要。加尔布雷思指责凯恩斯主义过分强调 GDP 的增长。他的思想是否可以借鉴到国家认同的制度取向上呢？这应该引起我们足够的重视。如果从这个角度分析国家认同，要实现制度对国家认同的认同保障，就应该吸收加尔布雷思的新制度主义思想，完善制度建设。制度是人类本能和客观因素彼此作用而形成的习惯，尽管有经济制度、心理现象的影响，法律关系仍然起决定作用。国家认同的制度实现就应该借鉴新制度主义所采取的制度分析、结构分析的方法寻求制度的合法性与效用性的统一，如权力分析、政党分析、利益集团分析、规范分析等，从这些分析中寻找关切制度与国家认同的逻辑关系。因为制度这种约束关系，其本身就是有价值的，它是主体为了追求自身福利或效用最大化而对自身行为的规制。只有既符合国家的整体目标又符合个人的个体需求的制度建设才是保障国家认同实现的根本制度。现代国家的当务之急是改变不合理的制度结构，不平等的权力分配制度。具体地讲，即规范国家权力使用的制度化，提高政府的集体决策能力，防止个人权力的膨胀，提高集体决策在国家权力行使中的中心地位，使个人不能再利用手中的权力来钳制国家获得个人利益。如特权对制度的破坏，是造成收入不平等的主要原因之一，收入不平等是权力不平等的表现和结果，要实现收入合理化，就要从制度上实现权力均等化。权力均等化是指个人、社会成员或政党成员对于制度的制定具有同等的参与权、管理权和否决权，使其拥有相同的政治地位。从具体政策措施看，应因具体问题、特定领域、不同民族而实行差别化的政策。如民族区域自治就是很好一例。但问题是，真正的均等化需要政治的改革，它的实现是一个不断认识、不断完善循环发展的过程。它的实现应落实在党领导的科学教育界和立法机构的肩上。国民的教化和国家制度的主体性原则完善是国家制度科学合理和国民认同国家的两个不可缺失的方面。

二　制度的国家统一性和主权完整性保障

国家主权强调国家独立自主地处理国内外各项事务，是国家管理中的最高权力。作为国家的特殊属性，主权有别于国家的其他社会属性，其根源存在于全体国民，其目的是保护国家完整性和国民利益。国家主权的主要职能是管辖权，即管辖其领土内除享有外交豁免权外的一切人和事物以及领土外本国公民的最高权力。国家主权还包括对外独立权和自卫权，即国家为抵御外来侵略和威胁维护政治独立和领土完整而进行防卫的最高权力。对外主权是国家在国际上行使主权的基本权利，是现代国际法确认国家主权的一条基本原则。

领土完整是国家领土主权的表现，尊重领土完整是尊重国家主权最主要的方面。领土完整是法律概念，而非单纯的地理学概念。在地理学上，依领土分布的连续程度把领土分为"连续领土""不完全连续领土""非连续领土"三种类型。在国际法上，领土完整表明了领土整体性和统一性的内在特征，指国家领土不能被分裂，领土主权不能被侵犯。领土完整性是鉴别国家是否真正享有独立和主权的重要标准。相互尊重主权和领土完整是两个互相联系又不尽相同的概念。领土完整构成国家主权的重要组成部分，尊重一国主权是国家行使主权的基础，尊重一国的主权必然应该首先尊重一国的领土完整。国家凭借主权可以以最高权威和独立自主的方式处理它的一切内部事务和外部事务，而不受任何其他国家或实体的干涉和影响。

现代国家内在地包含由利益一致而形成的共同认识，在此基础上还包含具有共同利益的政治制度。政治制度保证了国家认同和民族认同的同一性，在很大程度上决定公民的政治权利及国家的阶级性质。从现代国家来看，具有三大基本特点："以现代社会为基础，以构成国家的每个人拥有政治平等的政治解放为历史和逻辑前提；以现代国家主权为核心，以建构全体人民能够共享并获得发展保障的国家制度体系为基本的组织框架；以公民权的保障为机制，将社会的全体成员聚合为具有共同纽带的共同体。"[①] 因此，构建国家需要在公民权保障的基础上，建立稳定有效的制度体系，

---

① 林尚立：《现代国家认同建构的政治逻辑》，《中国社会科学》2013 年第 8 期。

形成稳定而持续的国家认同。

从制度认同来说，长期的国家认同建立于国家的主权统一和领土完整之上，二者的协调性关系涉及三大因素："一是国家权力属性的现代转变；二是国家权力的体系性与制度化的结构安排；三是国家治理体系与治理能力之间的协调性。"① 当今世界，增强国家认同的制度整合应当顺应民主发展的时代要求，要让权力客体充分享有对权力主体的监督权、对政治共同体领导者的选举权、对政治单元事务的管理权等政治权力，以调动权力客体政治参与的积极性和主动性，使其能够在重要制度制定时积极建言献策，还应积极参与具体民主事务处理，实现"问政于民""还政于民"。

上层建筑的构建需要各族群众共同努力。"在现实生活面前，正是描述人们实践活动和实际发展过程的真正的实证科学开始的地方。"② 这说明，在制度整合时要看到"处在现实的、可以通过经验观察到的、在一定条件下进行的发展过程中的人"。只有倾听人民心声，在制度设计中回应群众要求，才能建立人民拥护的制度。

推进国家治理体系和治理能力的现代化是当代中国的重要诉求。这一诉求具有重大的现实政治意义。就中国而言，人民自治是国家治理能力现代化突出表现之一。实现人民自治，就需要权力向人民本位的回归，通过不断完善人民代表大会制度充分保证各族人民的政治参与权，进而调动他们建设中国特色社会主义的积极性、主动性、创造性。因而，认同整合制度的设计应当秉持公平、民主的现代治理理念，充分发扬民主，广泛听取采纳民意，让各族群众共同参与。

三 制度的正义性保障

国家认同的实现不仅是国民对一国的"文化—心理"的认同，在现实的生活中更是对国家"政治—法律"的认同，而认同能否自觉实现的关键在于制度的正义性保障。"正义就是给每个人以适如其分的报答。"③ 罗马法学家乌尔庇安指出："正义乃是使每个人获得其应得的东西的永恒不变

---

① 丁长艳：《从结构性依赖到制度性认同：中国国家治理现代化的发展逻辑》，《上海行政学院学报》2015 年第 4 期。

② 《马克思恩格斯文集》第 1 卷，人民出版社，2009，第 526 页。

③ 参见〔古希腊〕柏拉图《理想国》，郭斌和、张竹明译，商务印书馆，1986，第 7 页。

的意志。"① 制度正义是国民获得其应得的法律保障。国家认同的实现与否在某种意义上取决于国民对于国家制度是否正义的认同。制度体现在宪法、法律、规章、条例等一系列的社会组织与生活中，是与人最近、感受最深的日常行为的规范。因此，制度的公正与否直接影响着人们的切身利益和生活体验。好的社会制度能给国民带来公平感和安全感，能充分激发国民的创造力和自豪感，从而更好地遵从社会秩序、维护国家利益、实现国家的认同。下面从制度的合理性、公正性、差别平等性等几个方面来阐述制度的正义性。

（一）制度的合理性

制度的合理性是制度合法性的价值前提。制度反映了一定的权力关系和权力结构，但制度不等于强权。从制度形成和演化来看，制度本身就是人类对于动物式存在的反对。它与强权的区别在于，作为制度基础的权力是制度性或制度化了的权力，是建立在法律框架内的权力，它是合理的、合法的②、正当的并与世俗的道德基本相一致的规范。当代政治学家阿尔蒙德（Gabriel Abraham Almond）认为，"如果某一社会中的公民都愿意遵守当权者制定和实施的法规，而且还不仅仅是因为若不遵守就会受到惩处，而是因为他们确信遵守是应该的，那么，这个政权就是合法的"③。合法性体现了人民对统治权的认可，制度合法性是指"人民根据其政治正义观念来判定的政治秩序的合理性，其核心观念是人们对政治合作的理解"④。在马克斯·韦伯看来，任何社会制度的合法性不外乎尊崇三原则，一是遵从传统；二是服从法律；三是臣服权威。也就是遵从于文化—心理；服从于政治—法律；信仰于正义—道德。在此之下国家才能宣称自己代表传统，符合法律或者具有魅力，才会被国民认同，只有这样国家的制度才能成为国家认同的保障。"现代国家的合法性基础必然要求是法理型的，即通过法律

① 〔美〕埃德加·博登海默：《法理学——法哲学及其方法》，邓正来、姬敬武译，华夏出版社，1987，第253页。
② 这里的合理性与合法性区别，我赞同邹吉忠在《自由与秩序——制度价值研究》（北京师范大学出版社，2003）中的观点，详见该书第82页脚注3。
③ 〔美〕阿尔蒙德、小G. 宾厄姆·鲍威尔：《比较政治学：体系、过程和政策》，曹沛霖等译，东方出版社，2007，第32页。
④ 王浦劬主编，燕继荣副主编《政治学原理》，中央广播电视大学出版社，2014，第151页。

程序实现合法化。"① 因此，当前中国的认同整合的制度设置必须要有法律法规的依据，使其有合法化和合理性的基础和保障。

（二）制度的公正性

制度的公正性离不开政治合法性，主要有三个方面：一是具有政治正义②观念作为其秩序的根本依据；二是政治制度安排要遵守政治价值；三是政治服从人们的利益。③ 可见，政治正义是政治合法性的首要的基本的价值，它决定着制度的建构与运行，贯穿于整个制度的系统之中。不仅政治理念需要体现正义性，其他制度的制定实施，也要体现正义理念，因而，制度的公正性始终都是政治追求的目标之一。制度公正性具体表现为以下几点。一是权利与义务等价交换。霍布豪斯说："同一种利益，对于应得者便叫作权利，对于应付者则叫作义务。"④ 一方的权利获得必有另一方的义务付出，反之，一方的义务付出必然为另一方赋予权利。穆勒说："公正就是每个人得到它应得的东西（利益和损害）；而不公正则是每个人得到他不应得到的利益和损害。"⑤ 应得与不应得就是说明了一种权利与义务交换原则。付出的义务越多得到的权利也越大，由此看来，公正的本质就是权利与义务的等利害交换。我们知道政治秩序的根本价值就在于政治公正，它是通过制度的安排和制度的运行来实现的。因此，制度必然体现权利和义务的等价交换，即国家对权利义务分配的"善"。任何国家的国家治理主要通过制度来实现，国家制定的制度在多大程度上体现权利与义务公平分配，是制约国家政治秩序价值实现的根本标准。恩格斯说："一切人，或至少是一个国家的一切公民，或一个社会的一切成员，都应当有平等的政治地位和社会地位。"⑥ 这些平等的实现就是靠制度的公正来保障的。制度规定着

---

① 〔德〕马克斯·韦伯：《经济与社会》下，林荣远译，商务印书馆，1997，第 217~221 页。

② 参见王海明《公正与人道：国家治理道德原则体系》，商务印书馆，2010，第 19 页。公正、正义、公平和公道，都是同一概念，一般情况下不做区分。相对而言，正义用于重大场合，公平与公道用于社会生活的各种日常领域，公正则介于正义和公平、公道之间，比公平、公道更郑重一些。

③ 〔德〕马克斯·韦伯：《经济与社会》下，林荣远译，商务印书馆，1997，第 152 页。

④ L. T. Hobhouse, *The Elements of Social Justice*, Routledge Thoemmes Press, 1993, p. 37.

⑤ Robert Maynard Hutchins, *Great Books of The Western World*, Volume 43, Encyclop Aedia Britannica, inc, 1980, p. 466.

⑥ 《马克思恩格斯文集》第 9 卷，人民出版社，2009，第 109 页。

人们的权利与义务，是人类进入社会生活必然选择，权利和义务的不可分割性，既是认识论又是方法论，它为人们的社会实践提供了价值标准。不同历史形态的国家在不同的历史时期对权利与义务有着不同的理解与要求，如社会主义国家就不同于资本主义国家。现实的权利绝非一种抽象存在物，而是以制度为支撑和保障的价值体系。二是制度的公正保障。公正已成为现代社会制度的一种价值目标和基本的评价尺度，并成为现代社会制度建设的首要任务。公正是社会关系的体现，公正反映着人与人的交往关系、权利和义务关系、社会道德情操等关系。由此看来，公正已成为社会实现正义的理想性价值取向，并成为制度安排的根本标准尺度。制度公正首先是制定制度理念的公正，其次是制定制度的程序公正以及制度本身的公正。然而仅此还远远不够，社会的公正除了制度的公正之外还有管理的公正，只有制度公正与管理公正共同作用才能最大限度保证行为（个体、社会行为）的公正。而保障社会公正的实现，必须依托社会平等原则的具体实施与贯彻，即政治平等原则、经济平等原则和机会平等原则的有效实施。总之，制度的公正与否对于国家的发展和社会的稳定意义重大，公正的实现程度是受社会经济发展水平制约的，它是生产力发展水平和社会文化发展的政治表现，也是社会公正的评价体系。它不仅影响社会和谐，而且左右着制度力量的合理布局，体现着国民收入的公平与效率。

（三）　制度的差别平等性

概括地说社会公正的根本问题是平等，平等即"每个人所享有的权利与他的贡献成正比而与他所负有的义务相等"①。制度公正不仅包含着客观的法律、制度、规则、规范存在，也包含着人们对这种公正的主观理解。公平是人类理想价值的客观表现，具体为公民都享有法律权利、政治权利，以及合法享有物质与文化生活资料。然而，差别是社会的客观存在，差别的消除不仅需要慈善式的救助，更需要给予法律制度保障。平等应该在尊重个体的禀赋、能力、贡献等方面的差别及个体选择的前提下，差别化对待不同贡献的人。王海明认为对于制度保证的平等应实行差别平等原则，即基本权利完全平等、非基本权利比例平等。基本权利完全平等是指人的

---

① 王海明：《公正与人道：国家治理道德原则体系》，商务印书馆，2010，第146页。

生存权的平等，即只要你是一个社会的人，无论如何你都有从社会获得最低生活保障的权利，这是基本的维持生存的权利。非基本权利比例平等就是在生存权保障的基础上坚持权利与贡献的比例平等原则。至于社会财富的两极分化政府则可采取转移支付等补偿手段进行再分配。事实上，差别是人类社会实践活动过程中的客观存在，公平在某种意义上不是为了消除差别，而是保障人们获得平等的机会参与竞争。

第三章　国家认同的价值评价

评价是价值意识朝向客体的对象性精神活动及价值意识在主客体关系中的现实表现。价值意识是人们关于自然界、社会和思维的全部意识中有关价值内容的心理、思维、精神生活的总抽象、总概括。① 我们日常生活中对于某一事件所持的肯定或否定态度，这样的过程就是评价。日常生活中，对于某一事件给予的肯定或否定的评价不是凭空产生的，而是以价值取向为基础的，即评价是"反映了人类活动的一个本质特点：合规律性与合目的性的统一"②。如果说评价问题是价值论研究的重要内容，国家认同的价值评价则是国家认同价值研究的重要领域。为了论述清楚这一问题，下面我们从国家认同的价值评价的性质入手，展开对国家认同的价值评价标准和评价的规范体系等问题的探讨。

第一节　国家认同价值评价的性质

在国家认同的实践活动中，人们总是依据一定的标准对国家认同进行肯定或否定的价值判断，这表明国家认同的价值是客观存在的，并且国家认同的价值判断应该有其自身的特点和规律。因此探讨国家认同的价值评价概念、特点、功能等基本理论问题，不仅必要，而且意义重大。

一　国家认同的价值评价概念

何为评价？评价是主客体之间的一种价值关系，是对客体是否能够或已经满足主体的需要愿望、是否适合主体需要并使主体意识到这种适合的、

① 参见李德顺《价值论：一种主体性的研究》，中国人民大学出版社，2013，第121页。
② 袁贵仁：《价值学引论》，北京师范大学出版社，1991，第216页。

综合的、整体的价值意识活动。① 简单地讲就是主体对客体为我性满意度的认同及其表达。一般评价有两种基本的结果：肯定和否定。但肯定或否定的态度以何种方式体现则受到体验者认识、情感、意志等的影响。李连科说，评价"以多种意识形式：认知（对价值的判断）、情感（对价值态度的体验）、意志（对价值自觉的保证）等综合形式表现出来"。郑仓元指出，"当客体满足主体的需要时，主体便会以内部体验的感情——爱、憎、亲、疏，外露的表情——喜怒哀乐和兴奋状态的情绪——兴奋、颓丧、激动、平静等情感，表达自己对价值的评价"②。总而言之，在观念形式、情感、意志、语言表达外，还有一种评价的表达方式即人的行动。概括起来说评价形式有以下几个层次。一是生理水平的评价。在这种水平的评价、主体缺乏相应精神准备，它所采取的价值反应是缘于客体的刺激，而非达到了情感的心理层面，体现了主体根据突如其来的客体作用同主体的结构和需要是否一致、协调，而做出的肯定或否定的应急判断。这种评价不是主体的认知层面的评价，而是表达了主体的一种不自觉的态度，属于评价中的低级评价行为，也可称之为"潜评价"。二是心理水平的评价。适宜于可感知的对象，对于某些价值关系和行为后果，主体出于意识的心理水平对实践表现出来的欲望、动机、希望、兴趣、情绪或意志等的评价。当我们看到一条新闻或看到一幅场景时，表现出的油然而生的心理状态，是价值心理的对象化形式即属于本能的生理反映形式。三是理论和概念水平的评价。这一评价是主体经过自觉思考后的评价，受主体的认知、知识、信念、信仰和理想等因素制约，是主体在对价值关系状态深入把控后做出的判断，具有理性、持久、稳定、深刻等特点，适用于包括不可感觉的事物在内的一切对象。四是活动和实践水平的评价。这一评价是前面三种评价的综合，特点是着重强调评价的动态性和现实过程，既避免了本能反映的条件反射，又超越了心理评价的精神局限，是对活动和实践水平的综合性、总体性评价。这一评价活动区别了肯定和否定、价值和负价值，把可能价值转化成现实价值。事物的价值通过这种评价被现实地评判，一切心理的或理论的

---

① 参见李德顺《价值论：一种主体性的研究》，中国人民大学出版社，2013，第154页。
② 李连科：《关于价值、价值评价与科学认识》，《学习与探索》1985年第3期，第6页；郑仓元：《评价是一种特殊的认识活动》，《中州学刊》1994年第2期。

评价得到实现和证实。因而，这种活动的或实践的评价是彻底的、完整的评价。①

前面我们研究了评价的内涵及其属性，对于国家认同的价值评价而言，就目前研究的成果来看是一个薄弱环节，其概念也未达成共识。我们认为国家认同的价值评价是活动和实践水平的评价。从这一评价层次出发，国家认同的价值评价应当遵循三条原则：一要揭示评价的内涵，即事物本质属性的总和；二要明确评价的外延，即对象范围；三是坚持发展的观点和实践的观点。根据以上原则，国家认同的价值评价指依照一定的价值标准和国家目标，对国家认同事实的形成发展变化进行的价值判断（理论或概念水平的评价）。这一界定蕴含三个基本观点：首先强调国家认同的价值评价的本质问题在于"价值判断"，"价值判断"就是客体对主体的效用是否适合主体的需要并使主体意识到这种适合的理论或概念水平的评价。国家认同的价值评价必然是价值判断，这是国家认同的本体性前提，离开了价值判断就不能很好地揭示国家认同的价值内涵。但是这一评价不是感性的或停留在心理水平的而是理论或概念水平的评价。其次明确国家认同的价值评价的范围，强调国家认同的价值评价的对象是国家认同的"文化—心理"意义上的意义系统和"政治—法律"意义上的政府组织和国家制度系统。最后指出国家认同的价值评价的价值原则，也就是评价要遵循特定价值标准——评价主体对评价对象分析评判的尺度。因此，评价必须是建立在客观基础之上的价值判断，只有有了评价的标准，才能分清事物的优劣。在国家认同的价值评价定义中，强调评价的标准性，是与"价值判断"相一致、相呼应的，这体现了价值判断的逻辑前提——价值标准。

二 国家认同的价值评价特点

国家认同的价值评价是一个国家在政治意义上表现的最高层次的价值评价，它为国家认同的建设提供了正确的决策依据。

第一，评价内容的复杂性。这是国家认同的价值评价的重要特点之一。国家认同的价值评价对象有广义狭义之别。狭义的国家认同的价值评价主

---

① 参见李德顺《价值论：一种主体性的研究》，中国人民大学出版社，2013，第 155~156 页；丁磊：《国家形象及其对国家间行为的影响》，博士学位论文，南开大学，2009。

要以对代表国家政府及其体现国家意志的制度和文化的价值为对象；广义的评价范围是国家认同的全部领域（指人与国家一切价值关系的客体）。具体来讲，国家认同的价值评价主要通过对国民的思想、行为及国民思想、行为期许作用于社会而体现出来，它体现了国家认同的个体与社会价值、现实与理想价值、直接与间接价值等。这些价值既体现精神文明又体现物质文明，是对国家整体合目的性的评价，受社会生活方式、文化因素以及社会信念系统的影响。

第二，评价过程的系统性。国家认同的价值评价的复杂性，体现了国家认同的价值评价的系统性存在。国家是一个系统概念，国家认同也是一个系统意识活动，国家认同的价值评价当然也是系统性的存在。国家认同评价过程的系统性，不仅指明国家认同的价值评价是系统性存在，而且也表明系统方法是国家认同的价值评价的方法论指导，只有从全局、整体、系统出发才能体现国家认同的价值评价的科学性。系统性表现在以下几个方面。一是整体论。从题意上我们就可以看到国家认同的价值评价是一个以"国家"主词统领的完整的体系结构。国家认同是一个内在整体的意义系统，它不同于族群认同亦区别于民族认同（除了单一民族国家）。由此，在评价中必须树立全局的思想，既要做到"以整统零"，又要做到局部与整体的有机结合，从而把控全局做出科学合理的评价。二是相关论。影响国家认同的价值形成的因素较多，既要受到社会的客观条件的制约又要受到当下政治、经济、文化相互作用的影响。由此，评价就应该立足于历史唯物主义的观点，既要考虑国际大环境的影响又要考虑国内社会思潮所产生的积极和消极的影响，同时还要十分注意对国内不同阶层、不同民族以及各种社会组织在社会活动中产生的影响做出分析评价。只有从多层次、多角度、全方位去分析涉及国家认同的相关要素，才能更加符合实际情况。三是层级论。国家认同的价值评价是针对特定对象进行的，而对象又是一个系统或子系统，在这一组织系统中，不论群体间、个体间还是群体与个体间总是以层级而存在着。评价标准应因对象不同而不同，以满足评价的现实性与可靠性的要求。四是方法论。系统方法强调整体大于部分之和是分析复杂问题的有效方法。我们前面已经提到国家认同的价值评价具有复杂性，因而，运用系统分析方法有效而可靠。如香港，实行"一国两制"，虽然制度不相同，但认同一个国家、一个主权、领土完整。这就体现出整体大于部分之和的价值。

第三，评价目标的一致性。评价目标是与主体的需要相一致、相协调的，评价目标的一致性就是为评价指明方向，即与主体的效用相一致。我们可以从两个方面理解：一是评价目标与国家目的和国家认同的价值目标相一致，因为国家认同的价值评价就是为了实现国家的目的，这一点毫无疑问；二是评价目标要与国家认同的具体活动目标相一致。这主要理解为评价者之间意见的统一性。评价者之间理解的不同，对评价目标与具体活动目标的认知不能完全吻合，造成评价者与评价者之间的意见分歧，导致评价的不统一，其原因在于不同的个体由于理论水平、价值观以及对政策导向的理解不同而存在差异，这些差异通过评价主体体现出分歧。从纵向看，评价的一致性体现在层次上，如对于不同年龄、不同职务、不同学历的人对国家认同的价值评价不同；从横向看，评价的一致性体现在要素要求上，如政治意识、经济基础、心理素质和道德品质的不同对国家认同的价值评价不同。

第四，评价机制导引性。评价的目的在于与主体存在的同一，评价的导引就是在评价过程中不断地改进和完善趋向评价目标的方向，由此，建立导向评价机制对实现目的具有重要作用。全球化和信息多元存在的事实以及国家认同价值评价的时代性和复杂性特点，要求在评价的过程中给予一定指导，帮助评价者统一思想、提高认识，适时发现问题，及时做出调整。同时，要根据主体的需要相应地同步国家目标，以便与主体相适用、相吻合，更好地达到既定的目标。为了有效地进行评价必须建立反馈机制，不断地平衡主体需要与客体属性供给的同一，问诊把脉，对症下药，做到符合民意，服务民生，只有这样才能达到长治久安。国家认同的价值评价注重其指导性，就是要发挥评价的诊断机能，对国家认同及时进行诊断，及时指导。之所以强调这一点，其目的在于发挥被指导者的主观能动性，使内因与外因结合起来，从而取得更好的效果。从评价结果看，要着重把握评价对象，按照评价标准判断实现既定目标的状况。由此可见，国家认同的价值评价的评价指导与评价目标是一致的，保持这种一致性，有助于评价主体与客体形成合力，实现既定目标。值得强调的是，在实现目标的过程中，国家认同的价值评价还具有动态性与客观性、对比性与相对性等特点。在评价过程中，把握这些特点并加以区别才能真正做好国家认同的价值评价工作。

三　国家认同的价值评价功能

国家认同的价值评价基本功能就是信息反馈，并据此控制方向以达到预期目的。国家认同的实现就是在动态的反馈平衡中，不断地调适国家认同的目的，使其与国家的政策法规等相关内容相一致、相统一，优化国家治理结构，实现国家认同。当然，国家认同的价值评价基本功能的实现，是需要其他功能的协调配合共同完成的。

（一）评价的价值判断功能

信息反馈的前提就是能输送回有效的信息，其特点就是回传信息的针对性、有效性和连续性，而这些针对性、有效性和连续性信息回传的依据就是对信息的价值判断。我们知道，价值判断是评价的本质特征。由此看来，国家认同的价值评价首先就是要对国家认同的价值做出判断，即确立国家认同的价值的合理性基础。客观地讲，评价客体状态的依据是主体需要，即客体（国家认同）是不是以及在多大程度上满足了主体（人和社会）的需要。事实判断是价值判断的前提与基础，价值判断不能脱离事实判断而存在，否则就成了空中楼阁。因此在进行价值判断时，必须以事实判断为基础，而且主客体必须处于相应的价值关系之中方可进行价值判断，二者共同构成了国家认同的价值判断功能。

（二）评价的鉴定功能

评价的鉴定功能是信息反馈的输出功能的前提，就是对反馈回来的信息进行鉴定、甄别。随着评价活动的进行，评价的鉴定功能也就同时出现了。国家认同的价值评价其主要的鉴定功能有三个方面。一是分析鉴定，鉴定又可从两个层面理解。微观地讲，首先是对反馈信息的分析，评价者对受评对象的国家认同观进行科学鉴定，以此判断是否达到预期的国家认同目的。也就是说，评价者根据国家认同的标准与目标，运用科学的方法，对国家认同的实效进行判断，通过定性与定量相结合的方法获得对国家认同质的和量的认识，从而评价者可以获得被评对象之间的差异性以及被评对象与国家认同目标的距离。宏观地讲，通过评价，评价者可以获得各阶层、各民族、各团体以及各部门之间对国家认同的程度，从而有的放矢，明确工作目标。二是通过反馈信息的评价，回过头来反思、分析影响国家认同达成的制度、法规的合理性与完善性，从而为制度的建设提供法理依据。三是规划决策。通过上面的分析鉴定，无论是从主体角度还是从客体角度，国家认同的实现都需要在反馈系统的循环往复中，不断调适，实现国家认同实现的主体需要与客体的主体化相统一，以便合理地制定国家认同实现的方案。

（三）评价的导向功能

评价是以目标为导向的评价，因此它具有方向性，所以建立与目标相一致的评价机制体系具有重大的意义，它不仅在于规范或约束评价的行为，更为重要的是为评价提供方向性指导，因为评价的目的不是诋毁而是改善和提高。国家认同的价值就在于"文化—心理"认同与"政治—法律"认同的统一，不论在哪一方面都应给予必要的指导。通过对文化的传承、解释，历史地分析形成中华民族国家统一的历史前提，同时，也要从法理上说明我国政治体系的合法性及历史成因，尽最大可能减少国民对国家现行制度的误读，同时也要及时地对一些损害国家认同的行为及言论进行甄别分析并做出恰当的回应，促使被评价者主动改进思想，使他们及时调整自己的行为以适应社会的发展，从而更好地达到认同的目标。为了更好地做好评价的指导，就必须建立有效的评价机制，认真做好信息的反馈分析，科学诊断，合理配药，既要治病，又不能伤害身体。这对我们政府的国家治理提出了较高的要求，实现的效果如何也是对我们党和政府执政能力的实践检验。因此，国家认同的实现必须是两手抓，既要加强思想政治教育，又要加强法治建设，同时也要动态地调适影响、制约国家认同实现的国家相关的政策法规，时刻做到国家利益与国民利益的有机统一。因此务实地、实事求是地从国家利益和人民利益的角度出发去激发、引导国民的爱国热情才是国家认同的根本。

第二节　国家认同的价值评价规范体系

国家认同的价值评价规范体系是衡量国家认同价值实现的客观价值尺

度，这种规范体系的确立与建构正体现了价值哲学在破解价值多元时代如何达成规范共识的能力，同时也为国家认同的价值评价提供了理论的依据。规范体系的实现程度直接关系到国家认同的价值评价的成败，具体而言国家认同的价值规范体系主要有道德规范、法律规范①和爱国主义基本要求等三个方面。

一 价值与规范

价值是一个结构性概念，它包含了规范。价值使得规范具有了正当意义，从而保证了规范的普遍有效；规范则反过来设立合法制度，以促进价值的社会整合，它们之间是互相补充的关系。

历史经验证明，社会化与社会控制是维系促进社会生存发展的基本方式。社会化是把社会或群体的价值规范内化到个体思想情感及行为中，而社会控制则是借助特定的方式，以使个体服从于既定的行为模式或者要求。在当代，社会为多元价值观的存在提供了宽容环境，但同时提出了建立共同行为规范的要求。这样，就存在着个体目的的多元追求与社会所要求的一致行为之间的矛盾。哈贝马斯的交往理论认为，任何约束人类行为的价值与规范都产生于交往关系中，交往是种价值互换关系，要使这种关系稳定有序，人们就要对价值主体的行动做出预期，而使这种预期可能实现的基本条件是：人们的社会行动必须遵守某些规则，这些规则呈现出重复性特征即行动的规范性。规范性是价值预期得以实现的一个前设条件。由于存在着通行于多数社会的共有价值或基本价值，也就存在着为实现这些共有价值而形成的比较一致的规范。② 由此，价值规范是种行为准则，是导向群体共同价值的规则体系。它由习惯性力量与利害关系共同推动，以特定价值预设为逻辑起点和行动前提，形成维护社会成员共同利益的期待与约束，并以文化的形式表现出来。价值规范在其发生及其体制化的过程中，将价值规范建构成个人适应社会生活的知识形式（规章、制度或约定俗

---

① 社团组织规范本来应属于评价规范里的内容，但由于作为道德和法律之外的自组织，本身受道德和法律的约束，又由于对国家认同的价值评价影响较小故未进行专门论述。而爱国主义作为国家认同的内核，有必要加以强调。

② 参见〔德〕尤尔根·哈贝马斯《交往行为理论：行为合理性与社会合理化》，曹卫东译，上海人民出版社，2004。

成）。"这种知识形式本身代表了规范的合法性记忆，同时又以一种公共话语方式呈现，它不仅使具有自由意志的个人能够自发地组成或被自觉地整合成为有序的社会，而且它还直接作用于人们的日常生活实践，使得社会控制日益成为一种自我认知的基本条件。"[1]

国家认同的价值规范就是通行于多数社会的共有价值或基本价值，因而也就形成了实现共有价值所要求的统一规范。一则由于社会生活结构复杂性的增加，个体把握自己行为的起因及其后果更加困难，社会对人为秩序的要求大大提高，促使人们对价值规范的认识从自发走向自觉；一则国家认同的价值规范在获得国家意识的意义和表达后便成为公共权力的有机构件，而这种规范的权威化使公民思想与行为模式的知识形式、技术系统与国家的需要紧密结合，将统治的合法性与正当性长久而牢固地根植于社会成员思想中。这样，价值规范就承担了维护秩序与权力的功能。

二　道德规范

人类创造了文化，所有文化都是人的生存发展需求的反映，道德也不例外，道德就是人类具有代表性的文化形态之一。道德通过输出"善"的思想来为人的生存发展提供服务，其特定价值指向是人的自由全面发展和社会关系的和谐。道德作为一种规范，源于习俗，形成于人类交往关系的实践，固化于人的意识形态之中，规范着社会的秩序，是一定社会群体约定俗成的行为与品质规范的总和。道德以外在的社会舆论和个体内在的信念信仰为动力，以"善""恶"为基本评价标准，倡导"友善"的人际交往方式，以满足人的社会交往需要和实现自我的需求，其规范意义主要体现在以下几个方面。

道德是人类生存发展过程中习俗意识化的反映。韩东屏教授认为，根据符号文化所载所传信息的不同性质，符号文化系统分为四个部分，即描述性文化、解玄性文化、倾诉性文化和指令性文化。[2]"指令性文化用于构建社会秩序，以定规立制为基本方法，所负载传达的信息是什么正当、什么不正当、什么可做、什么不可做等等，规则或规范是其一般形态，制度

---

[1]　参见潘自勉《论价值规范》，《现代哲学》2002 年第 1 期。

[2]　参见韩东屏《道德究竟是什么——对道德起源与本质的追问》，《学术月刊》2011 年第 9 期。

和习俗是其典型形态。"① 显然，道德属于指令性文化。韩东屏教授指出指令性文化不仅包含正式指令还包含非正式指令。正式指令即通常所谓的"制度"，是由国家或社会组织以明确表达方式确定的规则，并用强制力或纪律手段来维系，具体表现为国家的法律、政策、法规、政令，组织的纪律、规章等形态。而所谓非正式规范，则称之为"习俗"。② 这种广义习俗也包括道德。虽然道德并非刻意制定的，而是社会的约定俗成，但在它的身上已然体现了主体性，是人的长期实践逐渐形成的对某一事物或现象所达成的共识或一致见解的"善"，所以道德是属人的。道德虽源于习俗，但不是习俗，它是习俗中有关指向人的行为规范的意义体现。应该说最早的习俗本身就包含着道德的内容，只不过那时的道德与原始习俗还处在混沌的状态之中，只有当品质规范确立之后，道德才与原始习俗有了质的分殊，才开始显现出自己的独特形态。道德的"脱俗"标志人类理性思维开始具备抽象、概括的能力，同时道德也附有了规范的内涵。

道德是"善"的行为规范。关于"善"的本质的认识，东西方社会基本上是相似的。在古代中国和古希腊，古人们对善的理解不约而同都解读为"好""可欲"，满足人的需求等。苏格拉底将善与人的利益联系起来，认为"善"是"一种关于人的利益的学问"，可理解为利于自己幸福的行为都是好的行为，即善的行为。柏拉图在《理想国》中提出了三种善的存在：第一种善是快乐，第二种善是明理，第三种善是爱己。从中可以看出以上论述中的"善"都与人的行为有关，并一致认为追求善是利己的。亚里士多德也认为，善与恶并非天生，而是在人的现实社会生活实践中逐渐养成的，因此追求"至善"就成为人的道德成长的最高境界。追求的过程也是行为的过程，那么，如何达到至善呢？亚里士多德认为"第一，他必须具有对于那种行为的知识。第二，他必须选择那种行为，并且是因那种行为自身之故而选择它。第三，他的行为必须是出于一种确定不移的品质"③。由此看来，道德是善的人际交往方式，道德事实上已经包含了内在的规范因素，包含了人追求善的行为总则。至善的实现，取决于对于道德的追求，

---

① 韩东屏：《道德究竟是什么——对道德起源与本质的追问》，《学术月刊》2011 年第 9 期。
② 参见韩东屏《道德究竟是什么——对道德起源与本质的追问》，《学术月刊》2011 年第 9 期。
③ 〔古希腊〕亚里士多德：《尼各马可伦理学》，廖申白译，商务印书馆，2003，第 4 页。

而追求道德的制高点必然使自身约束于确定不移的品质。

道德的人本主义指向。道德的起源和本质表明，道德是人的道德，道德由人创造，满足人的需要，又制约人的行为，体现以人为本的特征。对于这个问题的认识，马克思在《资本论》中指出未来社会是"一个更高级的、以每个人的全面而自由的发展为基本原则的社会形式"①。同时他和恩格斯在《共产党宣言》中也强调"代替那存在着阶级和阶级对立的资产阶级旧社会的，将是这样一个联合体，在那里，每个人的自由发展是一切人的自由发展的条件"②。可以看出，不论是以个人的全面而自由的发展，还是个人的自由发展是一切人的自由发展的条件，马克思的道德原则强调人的全面自由发展是社会发展的终极目的。可以看出，社会发展是以人的发展为前提，人是一切事物的中心，由此可知，从人出发是评判一切是非善恶的最高价值标准。道德是人创造的满足自己为人处世之需求的工具，合理的道德原则应具有"以人为本"的特征。

道德是社会和谐的规范性工具。道德的作用不仅在于调节人与人之间的关系，更大意义上还协调着人与自然的和谐关系。人的存在形式决定了社会调节的两种形式，即个人调节与社会调节。道德作为社会规范的一种形式既要调节个人行为，同时又要调节社会行为，这就表明，合理的道德原则应该是个人与社会的共同选择。合理的道德原则不仅有利于个人目标的实现，同时也有利于社会目标的实现。统筹个人目标与社会目标于一身，是道德原则的最高境界。既然合理的道德原则能够调节社会行为，不言而喻，这种道德原则也必然要求社会成员的共同遵守。同时，这种道德原则所体现的根本要求，也蕴含了对社会的基本规范，以使社会明晰和谐的要义和前进的方向。这就意味着，合理的道德原则不仅约束个人同时也规范社会，个人、社会和自然应是和谐的统一。

道德是一切规范的前提和社会评价的根本标准。一般的行为规范和品质规范都来源于道德原则，同时，道德原则也是既有行为规范和品质规范的根本评价标准。由此，道德原则既制约着行为与品质规范，又规定了行为与品质的评价标准，决定着具体的道德规范和新生道德规范是否合乎道

---

① 《马克思恩格斯全集》第 23 卷，人民出版社，1972，第 649 页。
② 《马克思恩格斯选集》第 1 卷，人民出版社，1995，第 294 页。

德，以及道德原则方向。而作为最终价值标准，尽管道德原则处于整个道德系统的最底层，却又处于价值等级的最高层，是最高价值的体现。这就告诫我们，合理的道德原则应该与终极价值的价值取向相统一，"至善"是其共同追求。合理的道德原则要求个人目标必须服从服务于社会目标，由此可知理想的社会，应该是社会的终极价值与个人的终极价值的统一。

三 法律规范

众所周知，社会需要秩序，秩序的形成需要规范的控制，规范不是无本之木，而是人类社会生活实践的产物。规范来源于原始生活的习俗，但又不是习俗的全部。在人类的生产实践中，原始习俗由于需要不同，一部分发展成为道德，另一部分被制定为法律，它们都为社会的正常运行提供着保障，法律虽然是最低道德要求，但法律作为一种社会规范则是最具约束力的，即由国家立法机关制定或认可，以指导、约束人们行为的规范。科学社会学理论①认为人的行为规范大致有两类：技术性规范即认知规范，社会性规范即道德性规范。前者是研究事实如何、实然，后者研究应该如何、应然；前者是对客观事物的认知及其规范，不包含道德评价，如科学研究操作规程、技术规范等，后者主要关涉以人为中心的社会交往原则，是一套涉及利害关系及道德评价的价值体系。可见，法律规范是一种社会性规范。

社会规范是调整人与人之间关系的行为准则。在现代社会中，这些行为规则既包括法律规范，还包括道德、习惯及其他共同生活规范等。虽然都是调整人们社会关系的准则，法律规范与社会规范明显不同：前者是国家制定认可的，以国家强制力为依靠；法律规范只代表统治阶级的意志，而不同的社会领域可以有不同的社会规范；法律规范一般都有特定的形式，由国家机关通过正式文件固定下来，而社会规范除某些社会团体制定的规章外大都存在于观念或生活习惯中。法律规范和社会规范在社会生活中相辅相成，共同维护着社会秩序，保证社会的有序运行。法律规范区别于其他规范除了上述原因之外，更根本的原因在于其自身的规定性，具体表现如下。

---

① 〔美〕R. K. 默顿：《科学社会学：理论与经验研究（上）》，鲁旭东、林聚任译，商务印书馆，2003，第78页。

　　法律规范的公正性。作为制度评价标准的公正，是由其内涵自由、平等、效率和秩序这些制度的基本价值所决定的。法律规范作为制度的规范体系之一，必然遵循制度的公正原则，即公正既是法律制定的基本前提和原则又是法律规范的评价标准。法律规范就是对社会制度的权利规范，是权利与义务的规范体系，即如何规定权利与义务、如何分配权利与义务。法律规范通过权利与义务的规定过程和分配过程体现其制度的合理与否，而自由、平等、效率和秩序作为公正的属性是保障制度公正的基本要求。因此，公正事实上就是以权利为中心的一系列权利分配的原则体系。法律规范作为国家意志的体现，代表国家行使权利与义务的公正实施，其中既包含法理公正、立法公正，也包含施法公正。法律规范的这一特性决定了法律评价的公正要求。

　　法律规范的合理性。公正并不一定合理，合理是一个关系概念。评价是一种认识活动，它是主客体关系中事实认识与价值观念的一种综合，其复杂性体现在主体与客体之间的相互观照。因此，影响法律评价的因素既包括主体自身也包括社会方面，这些因素共同制约着法律评价的合理性。由于法律规范是社会生活中每个人生存和发展的社会条件，每个社会成员都离不开法律规范。它是社会中的公共产品，并在一定意义上代表了社会的公共利益，或者说法律规范本身就是共同体利益的化身。因此法律规范不仅维护每个社会成员的利益和需求，而且在较大的范围内是以维护生活中大多数人的需要和利益为出发点的。这是由于法律规范实施是以社会大多数人的共同承认为前提的，没有公众的认同和支持，法律的规范效力是无法实现的。因此，法律规范的合理性是建立在社会成员共同遵守的基础之上，即法律规范的建立应是以符合社会成员的共同利益为标准的。然而，法律规范的合理性除了社会成员大多数人的承认和认可外，还受到社会的生产力水平、社会的文化传统以及社会共同体的理想信念等影响，它是一个复杂的社会系统。

　　法律规范的理想信念。法律是统治阶级权利意志的体现，理想是意志的持有形式。黑格尔认为：法是实定的，即法具有实际的规定性。从形式上讲，在不同的国家有不同的法，同时又以不同的形式体现出来；民族性、法律体系在适用上的必然性和实际裁判所需的各种规定性决定了法的实定性。① 社会理想信念就是法律规范影响下的最后规定性，评价活动从某种意义上讲就是将现实的客观事物与理想性预见进行比较，或用理想标准衡量客观事物的过程。理想是指向未来的目标系统，从这一点可以看到理想在评价活动中的超越性特点，但这里的理想不是虚无的幻想，而是以客观实在为基础的、基于现实的发展趋向的想象，它是具体的。现实生活中每个人都有自己的理想，理想是人的意识活动的持有形式，是人的价值观的具体表现。国家认同的价值是主体人对国家认同这一客体认同的价值，它本身就以意识观念为持有形式，是国家认同实现在人们意识中的价值体现，具体体现在国家这一客体在主体人观念中的理想呈现。为此，不同的国家都在建构本国的核心价值观予以引导国民朝向核心价值目标发展，以达到凝聚共识、团结奋进的理想目标。

在我国，社会主义核心价值观的建构与发展经历了新中国成立的初期到改革开放，再到进入 21 世纪的发展历程。新中国成立后，我国确立了以社会主义基本政治制度、基本经济制度和以马克思主义为指导思想的社会主义意识形态，为社会主义核心价值体系建设奠定了政治前提、物质基础和文化条件。改革开放以来，面对世界范围思想文化交流交融交锋形势下价值观较量的新态势，及社会主义市场经济条件下思想意识多元多样多变的新特点，我国提出了物质文明与精神文明两手都要抓，两手都要硬的核心价值理念。进入 21 世纪，世界范围思想文化交流交融更加广泛，价值观较量愈加激烈。在新的态势下，中央高度重视培育和践行社会主义核心价值观。党的十八大以来，习近平总书记多次做出重要论述、提出明确要求，提出在全社会大力培育和弘扬社会主义核心价值观，提高整合社会思想文化和价值观念的能力，切实掌握价值观念领域的主动权、主导权、话语权，引导人们坚定不移地走中国道路。回顾历史，2006 年 10 月，党的十六届六中全会第一次明确提出："建设社会主义核心价值体系"的重大命题和战略任务，明确提出了社会主义核心价值体系的内容，并指出社会主义核心价值观是社会主义核心价值体系的内核。学界对社会主义核心价值观的概括开始深入探讨。2007 年 10 月，党的十七大进一步指出："社会主义核心价值体系是社会主义意识形态的本质体现。"2011 年 10 月，党的十七届六中

---

① 参见〔德〕黑格尔《法哲学原理》，杨东柱、尹建军、王哲译，北京出版社，2007，第 2 页。

全会强调，社会主义核心价值体系是"兴国之魂"，建设社会主义核心价值体系是推动文化大发展大繁荣的根本任务。提炼和概括出简明扼要，便于传播践行的社会主义核心价值观，对于建设社会主义核心价值体系具有重要意义。2012 年 11 月，中共十八大报告明确提出"三个倡导"，即"倡导富强、民主、文明、和谐，倡导自由、平等、公正、法治，倡导爱国、敬业、诚信、友善，积极培育社会主义核心价值观"，这是对社会主义核心价值观的最新概括。2013 年 12 月，中共中央办公厅印发《关于培育和践行社会主义核心价值观的意见》，明确提出，以"三个倡导"为基本内容的社会主义核心价值观，与中国特色社会主义发展要求相契合，与中华优秀传统文化和人类文明优秀成果相承接，是我们党凝聚全党全社会价值共识做出的重要论断。至此，形成社会主义核心价值观的完整表述，国家层面的价值目标：富强、民主、文明、和谐；社会层面的价值取向：自由、平等、公正、法治；公民个人层面的价值准则：爱国、敬业、诚信、友善。2017 年 10 月 18 日，习近平总书记在党的十九大报告中指出，要培育和践行社会主义核心价值观。要以培养担当民族复兴大任的时代新人为着眼点，强化教育引导、实践养成、制度保障，发挥社会主义核心价值观对国民教育、精神文明创建、精神文化产品创作生产传播的引领作用，把社会主义核心价值观融入社会发展各方面，转化为人们的情感认同和行为习惯。

事实上国家认同的价值本质的理念持有形式并不止于此，只不过是用核心价值观的表述更具有代表性。在当下，社会发展的多元与复杂影响着人们的价值判断，致使人们迷失了对理想与信念的追求，而理想与信念却主宰着社会的基本价值基础，没有这一价值指向社会将失去方向，社会也将走向动荡不安。社会的理想信念在现实的社会中以"应然"的形式存在于社会的基本价值体系之中，这种"应然"是以合乎人类社会进步和人的自身全面发展为根本目标的，它代表了人类的终极价值，因此它所代表的理想与信念成为法律规范评价的根本标准。

法律规范的普遍性。法律规范是适用于大量同类的事或人的普遍行为规则，是多次适用的一般原则。对于适用于特定事或人的具体命令或判决，虽也具有一定的强制性质，但它只是法律规范在具体条件下的应用，是非规范性文件。需要指出的是，认清并重视法律规范与一般社会规范的区别，对防止行政、司法擅权越界，维护社会公平正义具有重要意义，也为法律规范的评价划清了必要的界限。

四　爱国主义的基本要求

我们知道爱国主义毫无疑问是国家认同的基本要素，那么爱国主义是什么，它在国家认同中居于何种地位，它与国家认同的关系如何？为了回答上述问题，我们首先从爱国主义的定义分析开始。爱国主义从词源上讲起初并非政治词语，而是人文地理词语。爱国主义（patriotism）一词来源于拉丁语的"祖国"（patria）一词，16 世纪时第一次出现在英语中，在那个时候爱国主义的主体爱国者（patriot）在当时只是"同胞"（compatriot）之意，爱国主义可以简单理解为"同胞主义"。自 17 世纪开始，爱国主义的政治内涵开始凸显，在这一世纪的晚期甚至成为英国政治争论的中心话题，爱国主义也成为臣民争取自由与权利的旗帜。18 世纪伴随着工业革命的发展和资本主义国家的建立，爱国主义也开始代表对旧制度的反对和对新制度的不满。[①] 到了 19 世纪晚期，伴随着民族国家的不断建立，以及国家的日益强大，爱国主义的政治意蕴越来越浓。今天，随着信息革命和全球化浪潮，传统文化和意识形态不断地受到冲击进而转型。由于爱国主义受到大规模社会转型的影响，爱国主义的意义也宽泛了许多，如国家的风俗和传统、土地、国家历史文化、国家福祉、奉献等都已经被纳入其中，这些情感的依附、眷恋、自豪在爱国主义上都有所表现。爱国主义已经成为国家认同的基本要求。

何谓爱国主义？从上面的论述我们知道，爱国主义随着社会的发展不仅涉及地理、政治、文化等方面，而且还受到经济发展和民族主义的影响。因此站在不同的角度对爱国主义下定义，其内涵会有所偏差。如《大英百科全书》将爱国主义定义为忠诚并守护和发扬自己国家的传统文化与价值观。《辞海》把爱国主义定义为"历史地形成的热爱和忠诚自己祖国的思想、感情和行为，是对待祖国的一种政治原则和道德原则"[②]。中外对于爱国主义的界定都体现了对国家的热爱、奉献与忠诚。总的来说，爱国主义是指个人或集体对自己国家积极认同的态度和行为。从中我们看出爱国主

---

① 参见潘亚玲《爱国主义与民族主义辨析》，《欧洲研究》2006 年第 4 期。
② 《辞海》（1999 年缩印本），上海辞书出版社，2000，第 1810 页。

义本身就是一种价值判断，它与国家认同存在着本质和内涵的一致性，但爱国主义更体现"个人对国家的热爱，它是由祖国及其所代表的价值观念所激发的，并以对国家与同胞的福祉的特殊关切的形式表现出来"①。它的前提是国家认同。爱国主义是国家认同的基本要求，体现在以下几个方面。

（一）人性的归属感需要

人的人种属性和民族属性都是人类自然属性的一部分。我出生于什么地方，我是什么人种，属于何种民族都是人对自身归属的追寻。人们从爱自己的家乡到爱自己的祖国，源于归属感的本能需要。人类社会产生后，个体便以归属于某个群体或族群的方式存在发展，这既是生存的需要也是情感的需要，更是社会发展的需要。通过明确"我们"与"他们"的不同，认同"我们"是一体化的存在，在内心深处构建一种"同盟关系"或"共同体想象"。这种心理归类是人类特有的一种本能。当归属群体由家或家族升华为国家时，对家庭或家族的情感和忠诚就表现为爱国主义。爱国主义是个人最重要的集体认同，国家是民族整体和长远利益的集中代表，个体需要的满足、活动和行为方式，都是以国家为出发点和归宿的。这正是个体或族群认同国家的理性需要。经验证明当我们远离国家，置身海外的时候或多或少感觉到离开国家、缺失母国普遍性支撑的一种孤独。历史和现实表明，个体只有在融入国家整体利益之中时才具有现实意义。因此"爱国主义就是一个人从内心深处所表达的对于国家的认同感和归属感"②。归属感是人的"元"需要，在某种意义上是第一性的。国家是个人母体，是个体得以生存发展的基础，个体只有融于祖国命运中才会获得更高的道德价值。

（二）文化属性的同源

国家认同与爱国主义在文化上同源，都有历史文化基础。我们知道国

---

① 潘亚玲：《冷战后美国对华战略转变的根本逻辑与手段——兼论奥巴马政府的对华政策》，《当代亚太》2010 年第 3 期。

② 参见 I. Primoratz, "Introduction, "in Primoratz ed., *Patriotism*, Amherst, NY: Humanity Books, 2002, p. 12. 转引自寇东亮《震灾、国家认同与爱国主义教育》，《郑州大学学报》（哲学社会科学版）2008 年第 6 期。

家认同可以从两个维度理解：一是"文化—心理"；二是"政治—法律"。其中"文化—心理"是民族意识和群体认同的根本基础，它不同于"政治—法律"的国家认同，公民对"文化—心理"的认同在一定的时空范围内不具有选择性。爱国主义实质是对祖国的爱，祖国即自己的国家。对祖国的归属感来源于对民族文化的认同、家族祖先的热爱等。由此看来，爱国主义虽然只是一种没有政治含义的人性本能主张，但国家认同和爱国主义在文化上是一脉相承的，爱国主义是国家认同的文化认同与民族认同的结合，是国家认同最坚实的基础，是内嵌于国家认同之中的根脉。如果一个民族没有建立起自己的文化根脉，那么这个民族就不会了解自身与自身所处的国家，对这个国家也就一定缺乏深沉之爱，更谈不上对祖国的忠诚与奉献的精神，由此民族文化的传承与发展至关重要。而发展的关键在于培养、引导国民对于国家的深厚感情，使国民学习了解国家历史文化，引发"集体记忆"或"共同记忆"带来的温情与敬意。台湾是祖国的一部分，就在于我们具有共同的文化和祖先的传承，我们共享着一个中华文明。台湾同胞和大陆同胞有着共同指向的爱国主义，也正因此台湾是国家认同的一部分，这为祖国的统一提供了法理依据。历史文明的延续发展是国家概念形成的前提和基础。"祖国观念是生活在一定地域的人们在长期的生产生活实践中形成的，是在一代代人的历史继承中延续的，它贯穿了对祖先所创造的文明成果的历史认同，隐含着继承祖先所创造的文明成果的强烈意识。"[①] "历史继承性"是祖国观念延续传承的动力，没有对历史的继承，没有文明认同，不可能生发祖国观念，也就激不起爱国热情。

（三）政治属性的诉求

亨廷顿在分析美国国家认同的构成时，将其分为四个组成部分：民族属性、人种属性、文化属性和政治属性，但这四个属性在构成美国国家认同中所担当的角色随时代发展而有所不同（表1）。从美国的国家认同构成演变来看，民族属性、人种属性均在消融，其文化属性也越来越模糊，而

[①] 参见曾竞《国家认同：爱国主义的内核》，《辽宁行政学院学报》2012年第2期。

其政治属性则越来越清晰。① 从中我们看出，影响美国国家认同的因素中："一些先赋性的认同属性正处于解体之中，而体现公民自由选择意愿的、推崇美国式的自由民主制度和信念的政治性认同越来越明显。"② 伴随着全球化的趋势、文化的多元与交流，在中国这样的统一的多民族国家中，国家认同是否也存在类似的发展趋势？这值得学术界的关注研究。无论怎样，爱国主义正是来源于先赋性认同属性。因此，先赋性认同属性无论缓释与否都应该引起我们的关注，从中我们看到在现代社会中国家认同的"政治—法律"诉求的重要性。

国家认同具有"批判性"，在不断地批判过程中将国家的利益与人民的利益达成一致。人们无条件地热爱祖国，却有条件地认可和支持政府组织。爱国的政治美德，是以国家的"善"为前提的，其形成和发展的客观基础首先在于祖国的"仁爱"。爱国主义与对特定政府的认同无法截然分开，通常情况下国民正是通过对特定政府的支持，反映和体现着对于抽象国家的期待和忠诚。这为爱国主义赋予了更深的政治意义，也为爱国主义在现代国家中获得了更多的政治诉求，爱国主义成为先赋性认同与政治认同的有机载体，从而成为奠定国家坚实执政基础的基本条件，并获得民众的广泛支持。从全球的政治发展来看，"21 世纪的中国社会已经进入后权威时期，政治世俗化是发展趋势，民众对国家合法性的认同，不再局限于历史的必然性范式"③。社会大众对国家的认同越来越取决于政府施政理念，以及解决社会发展和民生问题的成效。拓展和巩固国家的合法性基础，必须高度重视执政党的执政能力与先进性建设，适时调整转变政府职能与绩效评估标准。

表 1　美国国家认同的四个组成部分

年份	民族属性	人种属性	文化认同	政治认同
1607~1775	是	是	是	否
1775~1940	是	是	是	是（1840~1865 除外）

① 马得勇：《国家认同、爱国主义与民族主义——国外近期实证研究综述》，《世界民族》2012 年第 3 期。
② 马得勇：《国家认同、爱国主义与民族主义——国外近期实证研究综述》，《世界民族》2012 年第 3 期。
③ 曾竞：《国家认同：爱国主义的内核》，《辽宁行政学院学报》2012 年第 2 期。

年份	民族属性	人种属性	文化认同	政治认同
1940~1965	否	是	是	是
1965~1990	否	否	是	是
1990~	否	否	?	是

资料来源：〔美〕塞缪尔·亨廷顿《我们是谁？——美国国家特性面临的挑战》，程克雄译，新华出版社，2005，第34页。

第三节　国家认同的价值评价标准

国家认同的价值评价标准是衡量国家认同实现程度的客观价值尺度，标准是价值规范的指导思想，标准的正确与否，关系到国家价值体系的建构，因此意义重大。

一　国家认同的价值评价实质

评价总是以一定的标准和尺度为前提，并体现着主体的需要。从根本上看，国家认同是在人们的某种需要的推动下持续进行的，人们认同国家的根本目的就是满足自身生存与发展的需要。因此，国家认同的价值评价本身也是一个认识问题、一个关系问题。然而，这一认识问题或关系问题却有所不同，一般的认识问题解决的是客体或对象的本来面目，研究事物"是"的问题，是为了掌握和了解客观事物尺度的实践活动，所以他们认识的对象是客观的，不以人的主观意志为转移。然而，国家认同的价值评价不同，它是以价值客体的国家与主体需要为根本，以人们主观存在的价值观为前提，以人的生存与发展的意义和价值为导向，以现实地或可能地具有什么样的关系或呈现什么样的关系为预设和判断。显然，国家认同的价值评价与评价主体本身息息相关，它是和主体的利益和需要相一致、相统一的。这样，国家认同的价值评价本身就包含着主体，因而也体现着主体的"自为性"与"为我性"。恩格斯说："行动的一切动力，都一定要通过他的头脑，一定要转变为他的意志的动机，才能使他行动起来。"[1] 需要是

---

[1] 《马克思恩格斯文集》第4卷，人民出版社，2009，第306页。

意识到的需要，需要成为评价标准独立存在后，就被赋予了意识的内容，从而具有了某种形式化和品质的特征，也就具有了普遍一般的意义。在普遍一般意义基础上的肯定与否定的评价就是标准。但是，我们必须注意，社会在发展，人类的需要也在不断地变化，因而需要上升为意识是一个动态的过程，而意识具有固化的特性。现有意识往往滞后于新生意识，其原因在于人类的代际差异、经济差异、地区差异、文化差异。这样就出现了所认为的价值评价与实际价值的不符，出现评价失真、失当、失误的现象，主观反映客观的脱节。这些因素必然影响到评价的统一性，因此必须引起足够的重视，防止评价的主观主义泛滥。

由此可见，国家认同的价值评价是社会评价，是从社会主体的立场和角度出发，去考察和评价国家各种现象的价值，其本质上是对需要的反映，是对全局性社会意识和社会实践均有实际效力的自觉活动。它体现了人类发展与进步的时代精神，规范和形塑着人们的实践行为，引导着国家健康向上的发展方向。

二　国家认同的价值评价标准的实践性

马克思认为，人以实践为存在方式，人类社会是在生产实践活动中形成发展的。因此，必须从实践入手并以实践为基础才能正确认识把握国家认同的价值评价本质及特征。

实践是主客体相互作用的内在统一。实践是检验真理的唯一标准，是指客观事物的真理性，但价值不同，价值虽然来源于客观实在，却又带有主体的主观色彩，是受主体需要并与客体效用相制约的。由此，国家认同的价值评价应该是主客体相互作用的实践内容的统一。我们知道通过实践和认识活动得到价值内容，一般有两个过程：一是客体作用于主体，表现为主体对客体的感受、反映、接纳以及对客体本性规律的认知与"服从"，即"主体客体化"；二是主体作用于客体，表现为主体对客体的选择、建构、改造并使它为自己"服务"，即"客体主体化"。后一个方面就是所谓的价值问题。① 国家认同的价值评价就是国家认同的主体作用于国家认同的内容和效果，即社会主体的集体或个人依据自己的尺度，从物质和观念上

---

① 参见李德顺《价值论：一种主体性的研究》，中国人民大学出版社，2013，第43页。

去接触、影响、改造国家的国体与政体，在国家身上显现和直观自己的本质或"本质力量"，从而实现自己的发展。在这一过程中，实践贯穿始终，具体来说：一方面，价值产生于实践。主体按照"为我"的方式不断在实践过程中建立主客关系。主体在实践的开始就规定了客体与自己相对的侧面，以至客体的自在规定性被加以选择和改造。主体按照自身的规定性（尺度）从事实践活动，这种活动是具体的、历史的，离开了现实的实践活动，不但国家认同的价值无法实现，而且人对国家认同的需要也无法理解。另一方面，主体在实践中始终以自身的目的和需要为实践的出发点，但真理无法从本身证明自身，需要是主体发起实践的动因。在国家认同的价值评价中不同的社会主体体现出不同的结构存在，从而表现出不同的要求。在人类目的具体化和现实化过程中，实践成为真理证明自身价值的桥梁。因此，马克思说："人应该在实践中证明自己思维的真理性，即自己思维的现实性和力量，自己思维的此岸性。"① 要在实践中检验国家认同的价值评价，确定其是否具有真理性。因此，从事实标准与真理标准的角度讲实践是国家认同的价值评价的最高标准。

从国家认同的意识形态来看，国家认同的价值评价应以国家认同的社会价值为标准。国家认同是社会认同，国家认同的价值实现是国家认同主体大多数人对国家满足主体需要所达成的共识的效用。因此毫无疑问，它是社会性的价值标准。个体意识之间在多大程度上相似或重叠是实现社会价值的关键。国家认同是主体对国家的认同与国家对主体的规范的相互运动的对立统一，表现在两个方面：一是国家认同的思想是在主体自身成长及其社会实践中不断内化的过程，及"认"的过程；二是国家的"文化—心理"与"政治—法律"对认同主体的意识不断熏陶、教育和形塑的过程，即"同"的过程。前者表现为国家认同的自为性，即主体按照自己的内在规定性和本质建立对象性关系，主体承认客体的客观性，并力求通过自己的实践活动去改变现实，表现出主体的能动性认识。后者则表现国家认同的规范性，即主体对社会共识的承认以及规范供给的认同，两者共同体现了国家认同的社会价值，即人在自己对象性行为中的权利与义务的特征。总之，社会价值的标准就在于，主体不仅需要从对象身上直观自己的行为

---

① 《马克思恩格斯文集》第 1 卷，人民出版社，2009，第 500 页。

和后果，还需要在主客体关系中不断调适自己，使主体的需要与客体的属性相适应、相吻合。

三　国家认同的价值评价的根本标准

国家认同的价值评价标准是决定国家认同实现的政治、经济、文化因素在国民与国家认同相互的关系中体现出来的深层的、普遍一般的标准。要想彻底理解这个问题，在这里我们首先必须区分国家层面的两对价值，即国家认同与国家认同的价值。前面我们讲过国家认同本身就是一种价值认同，国家认同就是对国家属性、功能的认同。而国家认同的价值是国家认同的认同意义，即主体认同国家的事实对于主体的意义或有用性。由此看来，国家认同与国家认同的价值都是价值认同，只不过是层级不同而已，前者是较低层次的具体需求认同，后者是较高层次的意义需求认同。不论在哪个层次，对于认同的根本标准而言，其确立的前提是以主体需要的满足为标准。因此，对于国家认同的评价标准的确立就应以国家的功能、属性何以满足主体的需要为依据，也就是如何增强国家的属性、功能对主体需要的供给。而解决这一问题的核心就是国家在多大程度上促进了生产力的发展，提高了国民的生活水平，增进了社会文化的健康发展以及提升了国家的综合国力。由此看来，国家认同的根本评价标准就落脚于邓小平提出的"三个有利于"标准。然而国家认同的价值是国家认同的认同，显然，国家认同的根本评价标准与国家认同的价值的根本评价标准是不同的。这是因为，尽管都来源于主体（国民）的需要，但需要的层次不同，国家认同的价值是意义系统的需要，主要体现的是国家认同的效用与人（个体的、社会的和国家的）的本性、目的、需要相一致、相适应、相接近的矛盾，是国家认同的结果对于主体的人（个体的、社会的和国家的）的价值或意义，如国家的富强、民主、文明、和谐给国民带来的好处。因此，国家认同的价值评价的标准就是以促进国家的富强、民主、文明、和谐为标准。但是，对于国家认同的价值评价的根本标准而言，其不单单指集体主体的国家，从主体结合的不同形式来看，国家认同的价值主体分别体现在国家、社会和个人的层面，国家层面概括为富强、民主、文明、和谐；社会层面概括为自由、平等、公正、法治；个人层面概括为爱国、敬业、诚信、友善。由此看来国家认同的价值评价标准就应该是国家层面的价值目标——

富强、民主、文明、和谐；社会层面的价值取向——自由、平等、公正、法治；个人层面价值准则——爱国、敬业、诚信、友善。这是与社会主义核心价值观本质相一致、相统一的。

那么，社会主义核心价值观何以成为国家认同的价值的根本评价标准呢？下面我们来简单地做一番论述。从世界发展的客观现实来看，经济的全球化、文化的多元扩散，触动了国民需要的多元发展，后物质时代的到来使原本的简单物质供给已不足以维系原有的价值平衡，政治、文化的影响显得越来越重要。对于国家认同的价值而言，主体需要的既不是物质需要本身，也不是秩序需要本身，而是意义需要的需要。解决这些问题的根本在于达成国家治理理念的供给。而这些共识的供给集中体现了国家认同的价值本质——"核心价值观"的指导思想。因此社会主义核心价值观立足于我国发展实际，不仅对我国的国家性质、宗旨、根本任务做出了新概括，而且对马克思主义国家治理理念有了新发展，集中概括了新世纪新阶段党和国家的全部理论与实践活动，并成为引领实现中华民族伟大复兴中国梦的评价标准。其原因在于以下几个方面。

社会主义核心价值观奠定了国家意义的价值基础，是国家认同的本质体现。"社会主义是一种道路、一种制度，也是一种理论、精神。社会主义道路表现为社会主义制度的建立和不断完善、成熟，社会主义精神则是社会主义道路、制度的理论基础和思想支撑。"[1] 这一逻辑结构表明，作为中国特色社会主义的思想精髓，社会主义核心价值观体现了我国社会主义制度的根本性质，即坚定马克思主义的指导思想，坚持以工人阶级领导的、以工农联盟为基础的人民民主专政的国家性质。这是社会主义国家存在和发展的价值基础，与资本主义的社会形态有着本质的不同，其实质就表现在社会理论、精神和观念的不同。社会主义是先进的社会理论，只有先进的社会理论才能指引社会发展进步的光辉大道，形成先进的社会制度。社会主义核心价值观是社会理论、精神和观念的集中概括，是与社会主义的基本制度和根本性质相一致的。社会主义核心价值观不仅树立了中国特色社会主义的共同理想，弘扬以爱国主义为核心的民族精神和以改革开放为标志的时代精神，还反映了中国特色社会主义的本质要求，揭示了社会发

---

① 袁贵仁：《建设社会主义核心价值体系》，《中国社会科学》2008 年第 1 期。

展的动力，体现了中国人民的发展诉求，确立了当代中国的价值尺度和目标，有效整合引导了社会多元价值观，是中华民族兴旺发达的精神支柱。因此，它在本质上奠定了国家意志的价值基础。

社会主义核心价值观是国家认同的本质的内在要求。对于什么是社会主义，邓小平做出了科学论断，指出社会主义的本质是解放生产力，发展生产力，消灭剥削，消除两极分化，最终达到共同富裕。这告诉我们建设社会主义就要不断解放生产力和发展生产力，消灭剥削、消除两极分化。前者在于创造和增加社会的物质财富，后者在于巩固和完善社会主义制度。这两个方面是辩证统一的，创造财富有利于精神文化的建设，维护社会的公平与正义，推动社会的和谐与进步；精神文化的提升有利于推动生产力的发展，激活全社会的创新活力。这两个方面相互联系，相互促进，形成统一整体，贯穿于我国社会主义建设的全部发展之中。国家认同的本质是社会成员服从于统一的社会价值观，其持有形式是信念、信仰、理想，其来源于人们价值生活的反映和实践体验，其核心是价值认同，目标是价值共识，其价值共识来源于国民对社会本质的实现程度的价值体验，国家"富强、民主、文明、和谐"；社会"自由、平等、公正、法治"；个人"爱国、敬业、诚信、友善"，这三者是国民认同国家的本质要求，而这正是社会主义核心价值观的全部内容。

核心价值观奠定了国家认同的主导价值，弘扬壮大了国家认同的主流意识。统治阶级总是通过各种思想渗透、宣扬统治思想，并使之上升为社会主流意识。当人们把本来属于一定统治阶级的核心价值观视为理所当然的"价值"时，统治阶级思想就成为社会广泛认同的主流思想和价值共识，成为人们日常生活的准则和判断善恶、是非、美丑的尺度。可见，一个社会树立什么样的核心价值观事关思想主导权。核心价值观通过凝聚社会共识规范公民行为，但其形成来源于对国家的认同，归根结底来源于对国家制度和精神的认同。广受认同的价值观不是直接提出的要求，而是通过塑造国家形象，彰显制度精神获得国民认同并内化于心外化于行的价值体系。

核心价值观是国家制度建构的思想基础，它与国家的价值目标是同一的。核心价值观与具体的制度构架密切相连。核心价值观代表人们的利益愿望和理想诉求，国家制度的变迁离不开核心价值观所指示的方向。国家认同的价值同样表现为不同的利益诉求的共识理想，因此核心价值观和国家认同的价值目标是辩证统一的。核心价值观为国家制度的建构提供思想基础，国家制度的有效作用为国家认同提供范式要求。[①] 国家认同的意义在于社会价值从多元到形成共识的转变。核心价值观就是对多元价值的概括总结，国家认同是对核心价值观的理解和承认。

　　总之，国家认同的价值是一个包含规范在内的结构性概念。[②] 国家认同为规范确立正当意义以保证其普遍有效，而规范则为国家认同设立合法制度以促进核心价值的社会认同，从这种意义上说核心价值观与国家认同的价值指导思想本质上是一致的。因此核心价值观理所当然成为国家认同的价值评价的根本标准。

---

① 　参见侯惠勤《在社会主义核心价值观的概括上如何取得共识?》，《红旗文稿》2012 年第 8 期。
② 　参见宋友文《价值哲学与规范问题——现代社会核心价值观的思想史语境》，《北京师范大学学报》（社会科学版）2015 年第 5 期。

第四章　国家认同的价值实现

国家认同的价值实现就是其构成内容的实现，即国家层面的价值目标（富强、民主、文明、和谐）、社会层面的价值取向（自由、平等、公正、法治）和个人层面的价值准则（爱国、敬业、诚信、友善）的实现。有别于国家具体实践，国家认同的价值是国家观念和国家意识在人（个体、集体、国家）的观念中的体现。在现代社会环境下，国家认同的价值建构指的是以民主为基本前提的意识形态建设，其中国家结构体系的全面优化发挥着重要作用，在很大程度上影响着国家意识的优化与建设，从而影响到认同主体的行为选择。

在制度与人、国家与人的有机互动中，民族国家认同的能力在很大程度上受到国家认同的价值结构体系的影响，而随着国家认同的不断发展，国家的结构体系也随之得以有效构建和完善。所以，为了做好国家建设，必须在有效发展国家认同的基础上，认真做好社会主义核心价值观的建设，研究国家认同的价值取向，以及国家认同价值实现的影响因素，这样才能真正提出解决国家价值认同的科学合理的具有中国特色的实践路径。

第一节　国家认同价值实现的影响因素

认同是一种主客的关系。国家认同反映了国家与公民之间的关系。国家认同价值是国家与公民之间和谐关系对国家发展和公民自身发展的作用和意义。因此，分析影响国家认同价值实现的因素，应该从实现国家认同价值的经济基础、社会氛围和实现价值的主体来考察。

一　发展的不均衡

经济基础决定上层建筑，上层建筑反作用于经济基础。国家认同作为社会系统中重要的上层建筑，其形成和发展必然离不开经济基础的支撑。就我国的实际情况而言，少数民族大多分布于欠发达地区，既受到地域条件的限制又受到文化差异的限制，经济发展处于相对落后的状态。新中国成立以来，党和政府出台了一系列有利于民族地区的发展政策，民族交往交流交融出现了新景象，民族地区的经济、政治、文化、社会和生态发生了翻天覆地的变化，十八大以来在习近平总书记的带领下，民族地区全部脱贫摘帽，但是就其经济发展而言与东部沿海发达地区仍然有一定的差距，民族地区的发展仍然需要给予大力支持。经济问题是民生问题，一定时期的社会经济状况的困顿影响民众对政府的认同和支持，区域之间发展不平衡可以使国家认同的正价值被消解。因此，考察国家认同价值的实现必然需要分析其经济基础。

除了南北差异、东西差异、民族之间经济发展程度的差异外，地区之间发展不平衡还表现为知识的差距。一方面，地区之间社会发展水平导致互联网的普及率存在差异，而互联网的应用水平在很大程度上影响地区之间的知识水平。另一方面，地区之间的经济发展导致的教育水平差距也是导致知识的差距的重要原因。与互联网应用广泛的地区相比，互联网普及率低的地区互联网使用规模、网民数及知识水平明显落后。

20世纪，经济全球化浪潮下利益分配的不平等、经济发展的不平衡触发了某些多民族国家的认同危机。此外，20世纪90年代开始频繁发生的经济泡沫化、金融危机又在很大程度上破坏了西方福利国家的美梦，并在很大程度上使隐藏在高幸福感光芒下的民族冲突和民族认同的矛盾赤裸裸地揭露出来。进入21世纪，从全球来看，乌克兰危机、中东局势进一步恶化，民族矛盾、地区冲突有加剧之势。同时，民族认同危机出现的频次也有所上升。这些都是引发认同危机、影响国家认同价值实现的主要因素。

当前，中国面临社会转型。从其内在表现方面来讲，它结束了解放前国内不同地域，特别是民族聚居地间的分割状态。伴随着经济的发展，城镇化的推进，民族交往交流交融不断深化，互嵌型社区范围和规模不断扩大，这在很大程度上促使经济结构得以调整，解决了过去相对闭塞给国家认同带来的迷茫，逐渐消解了民族认同差异，解决了工业化扩张造成的发展不平衡，夯实了实现国家认同价值的经济基础。但是我们仍然需要关注以下几个问题。

首先，处理好工业化的扩张与民族地区经济发展的协调问题。社会化的工业生产将在一定程度上改变少数民族传统生计方式。民族地区现代化进程的提速、民族地区的工业化"业缘"① 关系的建立及居住格局的改变，促进了各族群间以及各族群中的每一个个体彼此的交流。此外，少数民族也不可避免地受到社会组织与工业化经济形态的影响，导致族群内部人们的价值观念、心理及生活方式发生了明显变化，在很大程度上重塑着民族认同感。

族群互动在马戎看来经历了相遇—竞争—适应—同化四阶段。只有在经历了这四个阶段之后，才能在很大程度上达到新的体认与理解，从而在一个新的基础上构建国家认同。② 伴随着现代化的发展，少数民族社区原有地缘结构在一定程度上受到了工业化的影响而发生改变，导致少数民族从聚居型逐渐朝着散居型、城镇化地缘结构的方向变迁，这在很大程度上削减了规范约束与文化传承的社会功能，也使原有聚居型社区的文化场效应逐渐减弱。社会学家普遍认为，一般情况下，生态系统传播到其他社会及其文化里的程度越深，一个系统内部就越会出现新鲜的东西，也就越会促使先进的事物或者有利的进程的出现。③ 一方面，工业化进程在很大程度上促进了民族地区的经济发展，同时也在很大程度上增强了居民幸福感；另一方面，工业化进程还催生出更加复杂的人际关系。经济理性显著增强，乡土人情观念逐渐淡化，在很大程度上使得固有的人际关系、生产、活动场所随之改变，从而大大改变了群体成员接触的秩序，也使先前的人际纽带趋于"分化"，甚至造成中断。这些在很大程度上削弱了原有建立在群体生活或宗教之上的认同感，文化传承的载体逐渐被赋予新的意义。随着民族地区社会交往的乡土性以及经济交往的亲缘性逐渐被市场经济、商品化所替换，循规蹈矩的依附心理与安贫乐道的无为心态也逐渐被理性思考的现代精神、主动参与竞争的进取精神、发现探求的自我意识所替换，从而在很大程度上导致民族地区传统社会结构逐渐由"礼俗社区""机械团结"向"法理社会"及"有机团结的社会"发展④。文化传承也会随之出现创

---

① 工业园区与周边居民的关系。
② 马戎编著《民族社会学：社会学的族群关系研究》，北京大学出版社，2004，第78页。
③ 参见〔美〕乔·特纳《社会学理论的结构》上，邱泽奇等译，华夏出版社，2001，第109页。
④ 杨文炯：《互动、调适与重构：西北城市回族社区及其文化变迁》，民族出版社，2007，第510页。

造性转化和创新性发展。因此我们必须正确看待发展与传统的辩证关系，处理好发展过程中因生产力发展所带来的一系列变革。

其次，做好引导宣传的思想工作，正确认识地区发展与整体发展的辩证关系。美国社会学家赫克托对于国家认同之间动态演进关系及工业化引起少数民族社会结构变化的探讨得出的理论十分典型。赫克托通过研究指出，对拥有多个族群的国家来说，存在具有经济优势的多数民族和处于经济劣势的少数民族的情况，那么多数民族和少数民族的发展模式就会有所区别，分别是扩散模式与内部殖民主义模式。其中，扩散模式下的工业化被定义为国家内部的政治、文化、经济向欠发达地区的融入进程，而这种融入在很大程度上也可被看作全国性的社会生成①，进而在很大程度上带动了各要素的整合。另外，工业化也最终促成边远地区和核心地区在文化等各方面趋于融合，文化相区别的价值理念也在很大程度上得以瓦解，经济、文化和政治等这些狭隘族群观念的产生根源也逐渐消失不见。② 尽管这一进程的发展并不显著，但是由于社会工业化进程加剧，将在很大程度上引起社会结构的变动，最终必然导致国家认同发生变化。

赫克托通过研究指出，相比扩散模式，内部殖民主义则完全不同。内部殖民主义导向的实质是在一个国家中，核心地区凭借其经济、文化等方面的优势，对边远地区进行经济剥夺。边远地区虽然在一定阶段上也会出现部分工业，然而其出现的原因实则在于给核心地区输送足够的廉价原料和产品。由此我们可以发现，内部殖民主义与扩散模式实际上普遍存在于多族群国家。多族群国家的现代化进程进一步加快，将在很大程度上促使不同民族在文化、经济等各方面冲突或融合。这一理论模式描述了一种社会结构变化的趋势，在当今社会中被用于解释许多在此预设条件下形成的结果。由于社会系统受到社会结构的变动的影响是多元的、全面的。由此看来，一旦某种"内部殖民主义"倾向在族群间的社会变动中出现，将在很大程度上导致边远地区的经济发展比核心地区落后很多，由此将在很大程度上导致边远地区的民族产生文化上的孤立与危机感及强烈的被剥夺感。

---

① 马戎编《西方民族社会学经典读本——种族与族群关系研究》，北京大学出版社，2010，第 8 页。

② 参见马戎编《西方民族社会学经典读本——种族与族群关系研究》，北京大学出版社，2010，第 9～10 页。

长此以往，国家认同的达成或维系有可能在很大程度上因边远地区群体遭受压迫的内心感受以及摆脱压迫的行动而难以为继。①

我国是统一多民族的社会主义国家。要正确认识各种理论观点，结合自身实际分析阐释我们的国家政策，最大限度做好各民族思想工作。中国特色社会主义国家决定了我们国家的发展模式是"扩散型"的。习近平总书记强调："我国是统一的多民族国家。各民族多元一体，是老祖宗留给我们的一笔重要财富，也是我们国家的重要优势。我国各族人民共同缔造了中华人民共和国，都为中华民族形成和发展作出了卓越贡献。"② 2024 年 2月 3 日习近平总书记在《铸牢中华民族共同体意识 推进新时代党的民族工作高质量发展》中进一步指出："要全面实现各民族共同繁荣发展，让各族人民共享强国建设、民族复兴的伟大荣光。"③ 党的二十大明确强调："以铸牢中华民族共同体意识为主线，坚定不移走中国特色解决民族问题的正确道路，坚持和完善民族区域自治制度，加强和改进党的民族工作，全面推进民族团结进步事业。"④ 目前全面小康目标已经实现，当下要加快少数民族和民族地区发展，逐步消解区域经济发展的不平衡，让改革发展成果更多更公平惠及各族人民。这些有关国家政体、国体及其民族政策等政治纲领的相关法规必须做好宣讲工作，这是解决国家认同问题的基本工作。

因此，国家必须持续关注民族地区以经济为基础的政治、文化、社会、生态等生产发展的失衡问题，通过一系列切实可行的体制机制、倾向性政策等举措，缩小地区间在各个方面的差距，在较大程度上促进各地协调发展。同时，要搞好民族团结进步宣传教育，引导各族群众牢固树立正确的国家观、历史观、民族观、文化观、宗教观，增进各族群众对伟大祖国、中华民族、中华文化、中国共产党、中国特色社会主义的认同，进一步克

① 张炜、丁静伟：《论民族地区工业化道路选择：关于中国西部民族地区结构转化与经济开发的思考》，《西北民族大学学报》（哲学社会科学版）1992 年第 3 期。

② 《习近平在会见基层民族团结优秀代表时强调：中华民族一家亲 同心共筑中国梦》，中华人民共和国国家民族事务委员会网站，https：//www.neac.gov.cn/seac/xwzx/201510/1002490.shtml，2015 年 10 月 2 日。

③ 习近平：《铸牢中华民族共同体意识 推进新时代党的民族工作高质量发展》，《求是》2024年第 3 期。

④ 习近平：《高举中国特色社会主义伟大旗帜 为全面建设社会主义现代化国家而团结奋斗——在中国共产党第二十次全国代表大会上的报告》，人民出版社，2022，第 39~40 页。

服因地域差距而引发的国家认同的价值消解。

二 影响民族团结的不稳定因素

主客体关系的构建离不开一定的社会环境。因此，实现国家认同价值也离不开良好的社会氛围。良好的社会氛围使各民族生活在安定的政治环境、和谐的文化环境和各民族团结友爱的环境中认同国家，并在国家与各民族相互认同的社会氛围中共同发展经济，建设家园。而民族分裂主义势力等不稳定因素破坏了民族团结，破坏了安定的社会秩序，影响了社会经济的持续发展，影响了各民族对国家的认同，阻碍了国家认同价值的实现。

分裂主义是指旨在破坏国家领土完整，包括把国家领土的一部分分裂出去或分解国家而使用暴力，以及策划、准备、共谋和教唆从事上述活动的行为，并且是依据各方国内法应追究刑事责任的任何行为。① 所谓的民族分裂主义势力，指的是该主义群体采用武装攻击、恐怖行动、政治宣传等方式以实现其目的。郝时远研究员通过对民族分裂主义的研究得出，民族分裂主义和暴力恐怖主义有天然联系，是民族主义极端性的产物，且对民族自决权滥用与民族国家的误读是导致当代民族分裂主义产生的根本原因。② 另外，民族分裂主义在某种程度上也是民族主义的当代表现。对国家认同整合及民族认同造成威胁的民族分裂主义从当前的实际情况来看，主要包括"'东突'分裂势力""达赖集团分裂势力"等宗教极端势力与分裂主义势力等，民族分裂主义在很大程度上激化了民族矛盾，同时也在很大程度上助长了民族主义情绪，引发了许多民族问题，在一定程度上破坏了中国各民族的团结，也对国家认同造成了一定的伤害。

首先，民族分裂主义破坏了民族与国家之间的自由平等关系。在现实生活中，存在少数民族极端主义分子宣称要实现民族的独立与自由，极力鼓吹民族自决，歪曲事实，对破坏民族团结的事实进行粉饰，但是其破坏国家统一的实质永远不会变。由于民族问题本身也是国际性的问题，就近代以来的众多民族问题来看，都可以在其中找到世界性特征，这与民族主

---

① 《打击恐怖主义、分裂主义和极端主义上海公约》，中国人大网，https://baike. baidu. com/reference/54709830/533aYdO6cr3_z3kATKKDyq-lNSvHP9v5vrGFU7BzzqIP0XOpX5nyFIYi45k48eEpFwWEp4B4bJkCjvKmFUlF7vYNcO8qQ7c9zimhF2acjdHk99gym9Ra-84e，2020 年 11 月 19 日。

② 郝时远：《民族分裂主义与恐怖主义》，《民族研究》2002 年第 1 期。

义所具有的鼓动性、传播性特点是密不可分的。因此，国家一定要严防民族分裂主义，积极引导以求在最大限度上杜绝民众对民族自决的曲解，实现民族与民族之间自由平等的关系。

其次，民族分裂主义破坏国家的统一与稳定。民族主义从萌芽到形成的进程中一直存在着国家和民族之间应该是什么样的关系这一根本问题。民族分裂主义打着"民族"的形成与"国家"的建立齐头并进是民族与国家一体论的主要特征的幌子，认为一个国家中的民众需要使用相同的语言文字，需要接受彼此的生活方式，需要认同彼此的文化，且民族分布的地域应该与国家的疆域相互吻合。以此为出发点，民族极端主义分子有意歪曲了每一个"民族"天生具有实现独立、建立国家的自由，进而在错误的道路上越走越远。这在很大程度上可以说是对国家和民族一体论的滥用，严重破坏国家的统一与稳定。

最后，民族分裂主义诱发恐怖主义的产生与发展，破坏了国家的安定团结。恐怖主义和民族分裂主义是相伴而生的。恐怖主义组织通过激发民族情绪，挑拨民族矛盾，破坏民族感情，开展恐怖行动，并借此来彰显其恐怖权威。不管是对于当代中国还是对于世界各国而言，恐怖主义已然成为一种威胁，并且在很大程度上影响了各国的安全与稳定。自美国"9·11"恐怖袭击事件后，全球范围内的恐怖活动在很大程度上有所增加，这极大危害了世界和平，应受到世界各国的高度重视，同时还需要世界各国采取政治手段加以取缔。

三 国家认同教育尚有进步空间

主体的观念决定国家认同价值的实现。国家认同价值的实现离不开主体的国家观念的形成。因此，培育国民的国家认同对国家认同价值的实现至关重要。英国教育学者安迪·格林强调认为，培育国民认同是非常重要的，民族国家在很大程度上强化确立了领土绝对不可分割的国家边界，实现了更加统一和一体化的管理，但是，民族国家最新颖之处在于民族，而不在于国家，国家并非现成的，民族和国民构成了国家，而培育国民认同，对人民证明其合法性才能真正建立民族认同感。① 我们国家的性质决定了各

① 〔英〕安迪·格林：《教育、全球化与民族国家》，朱旭东等译，教育科学出版社，2004，第144~145页。

民族在法律面前一律平等，各民族共同繁荣与发展是我们的总体目标。但这些科学化政策还需要广泛宣传。《中华民族共同体概论》教材已经出版发行，教育部要求民族院校、民族地区院校要开好必修课程。这对民族地区开展"铸牢中华民族共同体意识"意识教育，巩固"中华民族共同体"国家意识，起到了积极的作用。但是国家认同的价值实现需要多维教育共同推进。

首先，国家认同的价值实现离不开国民的民族心理。民族国家建构过程中，国民认同是其中的一种民族心理。国民对国家的认同是民族国家内部产生的一种强大向心力与凝聚力，且这种强大向心力与凝聚力坚如磐石，它在很大程度上鼓舞人们同心协力击退外敌侵犯，支持广大人民投身国家建设，同时也激励广大人民在关键时刻捍卫国家利益，保证对祖国的忠诚，哪怕需要牺牲个人利益，甚至生命。然而，如果没有得到恰当的运用，这种力量又不堪一击。如果一个国家长期受人奴役，或者长期分崩离析，其国民对国家的忠诚意识会在很大程度上发生弱化，甚至会做出背离祖国的行为。亨廷顿说过：人们对国家的认同不是时时处处都具有坚如磐石的力量，可能会在外界因素的刺激下发生变化；而民族主义也并不是固定永远不变的，仅仅当人们心里拥有强烈的民族认同感，认为自己同属一国时，人们对国家的认同与民族主义才会存在。由此可见，人们对国家的认同与民族主义存在较大的可变性。如果人民开始对国家失望，将在很大程度上导致"国家的分裂、族群化、地域化，从而在很大程度上动摇统一国家的根基"①。

其次，国家认同价值的实现离不开对国民共同体意识教育。培育国民对国家的认同对多民族国家而言共同体意识教育至关重要。目前世界上大多数国家是多民族国家，多民族国家的认同问题较单一民族国家的认同问题更为复杂，培育、铸牢多民族国家的国家共同体意识是解决多民族国家认同问题的关键。民族国家建构的重要价值取向在于追求高度的稳定性，而这种稳定性在很大程度上是基于国民对国家的忠诚及对国家主权的认可。对于现代国家而言，拥有这种稳定性将在很大程度上保证国民享有自由、平等的权利，同时也在很大程度上确保国内的健康环境和可持续性发展。

---

① 徐勇：《"回归国家"与现代国家的建构》，《东南学术》2006年第4期。

可以说国家共同体意识是一种自上而下的力量，它在很大程度上依赖于国家对社会各方各种资源的整合。通过对国民的教育，特别是正规的国民教育，培育民族共同体认同。多民族国家因历史文化背景的不同，其建构国家共同体意识的落脚点也不同。从多民族国家来看，以"国族"意识形塑国家共同体意识具有强大的文化认同内涵，从疆域的各民族共同开拓，悠久历史的各民族共同书写，灿烂文化的各民族共同创造，伟大民族精神的各民族共同培养，以及生产力发展的各民族互鉴等方面能更好地阐释"国族"的内涵，有利于形成统一族群整体性和一致性认知。从而在很大程度上帮助国民形成对国家的认识与情感接受。在许多西方国家，政府自19世纪开始便从教育加强引导，公共教育体系也自19世纪开始建立起来。这也从侧面表明现代化初期西方国家通过教育培养国家认同，通过教育领域维系国家主权意识的理念初步形成。

最后，国家认同价值的实现离不开国民教育的整合功能。国民教育通过社会整合，在很大程度上促进了民族国家的建构。所谓的民族国家建构是在共同心理特质基础上，在共同地域、共同经济生活、共同语言以及表现在共同文化上实现国家统一、文化同质及权力集中的过程。简而言之，教育是在民族国家建构与实现国家一体化过程中，形成的民族的最有力的武器。国家通过国民教育可以帮助形成统一的国民文化与共同的政治原则，此外，通过克服文化的歧视性将在很大程度上导致的文化认同的自觉，从而在很大程度上培养出国民对国家的归属感与认同感，以此来实现国家的统一与社会的整合。

第二节　国家认同价值实现的目标选择

现代国家中的国家认同的价值不仅是每个公民的需求，同时也是现代国家生存发展的指导思想。从另外一方面来说，国家认同的价值不仅是他们赖以生存的社会价值所系，更是他们个人安身立命不可或缺的最基本的价值理念。现代国家在现代化、民主化及全球化的大时代背景下，通过国家认同建构，以形成多民族国家统一的心理为基本前提，以激发民族凝聚力为关键，最终实现公民的身份意识。国家认同的价值观念从根本上讲，是人们在与国家、社会的互动中自我建构起来的，可以说国家认同在于认同国家与自我之间存在的内在一体性信念。而现代民主则基于人民主权，强调国家服务人民，人民建构国家，这也是人们建构国家认同最基本的逻辑前提与价值前提。国家认同的价值取向由国家认同的价值标准决定，即由国家层面的价值目标、社会层面的价值取向和个人层面的价值准则决定。为了更好将三者结合起来讨论，下面概括性地从三个方面论述。

一　实现多民族国家统一

一个民族需要有共同使用的语言文字、共同的风俗习惯以及共同的起源等特征。一般来说，民族认同具有排他性，指本民族中的每一个个体对语言文字、历史传统以及文化等共同性要素的认知，也在很大程度上反映了在产生这种认知过程中形成的心理归属与情感依赖，即认同本民族必然要否定对其他民族的认同。对每一个社会成员而言，民族认同必然是具体的、唯一的。一般而言，国家认同和民族认同两者的认同依据和对象并不具有一致性。它有别于民族归属感，并不否定民族认同，也不排斥民族认同，而是以一定的民族认同为前提的"新型归属感"，该种"新型归属感"在构建过程中依赖于公民个人权利与自由的法理，并不需要建立在人民族裔世袭的一致性上，而是要求公民对国家共同体具备一致的认可。[①]

从某种意义上来讲，国家认同更具包容性。在满足国家认同的前提下，其自身并不强求社会成员具有一致的民族认同。因此，对于多民族国家来说，问题并不在于国家认同与民族认同能不能包容并存，而在于如何在承认国家认同与民族认同两者的双重认同的基础上，使国家认同与民族认同两种认同实现统一。一般而言，现代国家是民族获得安全感与民族生存和发展的政治屏障，国家在政治上、法理上应该优先于人类共同体。由此看来，民族认同应从属于国家认同。同时，国家认同应高于民族认同。就像有些学者所指出的那样：从多民族国家的统一与民族融合的角度来考虑，要在最大限度上将国家认同作为第一考虑，即使在不得已时实在难以保证这一点，那么至少应该让国家认同强于族群认同。[②]

---

① 任军峰：《地域本位与国族认同》，天津人民出版社，2004，第 3 页。
② 韩震：《论国家认同、民族认同及文化认同：一种基于历史哲学的分析与思考》，《北京师范大学学报》（社会科学版）2010 年第 1 期。

综上，多民族国家应该坚持国家认同的价值标准，承认族群差异，同时也要包容不同民族认同，并积极培育和强化各民族的国家认同，只有这样才能有效维护国家统一和民族团结。

二 激发民族凝聚力

现今社会，随着政治多极化、文化多元化的趋势日益明显以及社会文明的不断发展，每个人都处于特定的社会领域及社会群体中，同时也难免会受到自身以外各种因素的干扰。而且，每个人又能够以各种显性的和隐性的因素，对其身处环境产生对应的影响。个体以及群体彼此间纷繁复杂的交互影响，将在一定程度上导致共同的价值观念产生，从而维系着人与社会的关系，形成共性的价值导向，并最终形成各种类型的凝聚力。

所谓民族凝聚力，它指某一民族在其民族认同及价值观念背景下形成的独有的力量。它坚如磐石，可以在很大程度上将全体成员集聚结合在一起，从而在思想、行为、情感、观念等多方面产生相互认同，促使某一民族逐渐成长并最终形成统一的有机整体。

民族成员彼此间能够形成认同，从根本上来说是因为成员间对其共有文化的接受，这也构成了民族认同的前提条件。因此，应是这样一个过程：民族文化催生民族认同，进而催生出民族凝聚力。著名的精神分析学家弗洛伊德的研究表明，"认同"是个体模仿、内化群体或他人的价值，规范构建自己行为方式的心理过程，这种过程建立在个体与他人或群体之间的情感联系之上。但是，如果认同失去文化的基础，只是一种简单的、短暂的认同，很难产生凝聚功能。因此，由认同产生的凝聚力离不开个人自身所生活的国家和社会经济、政治和文化的环境。

中华民族所具有的凝聚力可以在很大程度上促使所有成员结合为一个集合体，并促使中华民族一步一步地走向辉煌。无论国家的形态如何，民族凝聚力与国家凝聚力互为依存。民族凝聚力的形成，建立在对国家认同的基础上。如果社会成员的共同目标、共同利益、社会理想一致，将会促使国家政治理念被社会成员认可，从而形成国家凝聚力。中国作为一个社会主义国家，不仅提升中华民族凝聚力是一个长期不懈的任务，而且从各个方面来发掘、增强国家凝聚力的路径与方法也是一个长期不懈的任务。

三 共同体意识的价值建构

国家认同对公民意识具有积极的提升作用。国家是一个利益、文化、政治等多方的共同体，具有某种程度上的同质性，而不是一个松散的组织。国家的稳定不仅仅需要制度、法律维系，还在很大程度上需要依靠国民心理上的"我们感"与"共同性"。因为人们是因共同的价值观、共同的历史、共同的传统、共同的疆域、共同的语言等因素而联结成一个整体。

正是因为这样，国家才能具有高度的凝聚力，能够消除种族间的纷争。由此看来，国家认同既是国家统一稳定的重要条件，也是国民在心理上可以依靠的"有形、有感、有效"的载体。一个缺乏国家认同的社会，就难以拥有稳固的心理基础。如亨廷顿所言，"当一个国家的人们从心底深处认为自己同属一国时，一个国家才会存在"①。

我国是一个统一的多民族国家，在新时代，"铸牢中华民族共同体意识"是我们国家认同的时代主题。2017 年 10 月 18 日，习近平总书记在党的十九大报告中强调要"铸牢中华民族共同体意识"。习近平说："深化民族团结进步教育，铸牢中华民族共同体意识，加强各民族交往交流交融，促进各民族像石榴籽一样紧紧抱在一起，共同团结奋斗、共同繁荣发展。"②2019 年 10 月 23 日，中共中央办公厅、国务院办公厅印发《关于全面深入持久开展民族团结进步创建工作铸牢中华民族共同体意识的意见》，明确指出："中华民族共同体意识是国家统一之基、民族团结之本、精神力量之魂。……以铸牢中华民族共同体意识为根本方向，以加强各民族交往交流交融为根本途径，全面深入持久开展民族团结进步创建工作。"③

国家认同是国家统一和稳定的底线，是国家是否合法的前提，同时又有利于维系国家的独特性。"多元一体"对于多民族国家建构国家认同来说，既是辩证法又是方法论，为解决多民族国家内、民族与民族间、各民

---

① 〔美〕塞缪尔·亨廷顿：《我们是谁——美国国家特性面临的挑战》，程克雄译，新华出版社，2005，第 90 页。
② 习近平：《决胜全面建成小康社会 夺取新时代中国特色社会主义伟大胜利》，《人民日报》2017 年 10 月 28 日，第 1 版。
③ 中共中央办公厅、国务院办公厅：《关于全面深入持久开展民族团结进步创建工作铸牢中华民族共同体意识的意见》，《人民日报》2019 年 10 月 24 日，第 1 版。

族与国家间的诸多问题提供了指导思想，是新时代我国国家认同追求的价值目标之一。

第三节　国家认同价值的提升路径

国民对社会经济与历史文化的认同，对国家的政治以及法律制度的认同等，是一个水乳交融、彼此联系的集合体。而要进行国家认同的有效构建，也应该从这些方面考虑。如果不这样的话，国家认同的有效建设只能是一句空话。因此，实现国家价值的认同必须立足于发展民族经济，构建中华民族文化认同，加强国民教育，加强制度建设，同时要坚决防范打击民族分裂势力。

一　实现各民族经济共同繁荣

实现各民族经济共同繁荣是实现民族国家认同价值的经济基础，我们必须保证加快民族经济发展，缩小民族经济发展差距，调整和优化产业结构，正确处理开发企业与当地民众之间的矛盾。

首先，发展民族经济。一是充分调动民族地区干部群众的积极性，摒弃传统观念，自力更生，发展经济建设。二是加强民族地区政府管理职能，改变只重政绩而轻管理方式的思维方式。三是加大优惠政策力度，在财力、物力、人力等方面加大支持力度，创造良好的外部条件，同时，做好区域经济规划，提高民族地区科学发展的能力。四是大力发展民族地区的民生，提高少数民族的基本生活水平、民族地区的教育医疗水平和社会保障水平，缩小与东部发达地区的差距。

其次，调整和优化产业结构。一是政策方面秉持宽松的态度，同时加大国家对少数民族的扶持力度。二是政府重点加快民族地区的基础设施建设，发展交通运输，加大对桥梁、机场、港口、通信等基础设施建设的投入力度。三是开辟资金来源的渠道，广泛吸纳社会资金参与民族地区的发展，进行产业转移、资本引进和项目帮扶，充分发挥政府引入资金的导向性作用，让"先富"带动"后富"。四是调整、优化民族地区、欠发达地区的产业结构。针对地方资源禀赋及生态特色，发展适合地方的产业，优化提升加工制度的科技含量和现代化水平。

第三，正确处理开发企业与当地民众之间的矛盾。企业进行开发的过程中，合理补偿征用民族群众土地的费用，在涉及群众搬迁时，不仅要给予土地补偿金，还要关注民族群众在搬迁过程中的心理状况，及时对不愿搬迁的住户进行心理安慰，尽量达到让每一个当地群众满意的效果。

第四，积极培养吸收地方劳动力，实现资源、技术和劳动力的深度融合。实现民族地区经济繁荣不仅是优化产业结构，发展地方经济更重要的是培养并强化地方自身的"造血功能"，而要达到这一目的的核心是提高当地劳动力的综合素质。东部沿海地区帮扶西部地区不仅是帮扶产业升级，更重要的是要充分利用东西部帮扶渠道，积极培育欠发达地区的人力资源，帮助他们提高劳动力技能，增长专业知识。

第五，创新公共服务供给。公共服务是国家的重要职能和制度安排，人民通过国家提供的公共服务来感知国家和认同国家。新时代创新公共服务供给模式，其重点工作是宣传正能量。在既有的公共服务基础上，结合民族地区人少地广的特点，通过文化流动站（如流动课堂、流动科技馆、流动博物馆、流动图书馆、流动影院、流动大舞台等具体服务形式）、流动安全服务中心（如流动警务室）、流动医疗服务中心（如流动医院、流动卫生服务站、流动小药箱等）、流动法律服务中心（如流动司法所、流动调解室、车载流动法庭、流动法律宣传车、流动诉讼服务中心）等，加强民族团结，促进民族互信，突出现代文化引领，促进宗教和谐，落实民生建设任务，增加农牧民收入，强化群防群治群控、维护社会稳定，加强基层组织建设，夯实长治久安基础。①

国家制定和实施加快民族地区的经济繁荣的帮扶政策，其最终目的是让民族地区增强自力更生的能力，少数民族和民族地区要充分利用国家优惠政策，结合本地区的历史文化特色，创新经济发展之路，独立自主，增强自我发展能力，实现民族地区的快速发展。

只有各民族的共同繁荣，各民族的生活水平共同提高，实现共同富裕，才会为国家认同的价值充分实现提供条件。

---

① 参见李俊清、付秋梅《在公共服务中感知国家——论铸牢中华民族共同体意识的公共服务路径》，《公共管理与政策评论》2022 年第 3 期。

二　构建中华民族的文化认同

费孝通先生在阐释"中华民族多元一体格局"理论时指出，中国历史上古今各民族，既各有独特的民族文化，也有共同的起源、形成、发展的历史，通过各民族在各个历史时期日益密切的经济往来、文化交流、政治互动而逐渐统一，形成了多民族中国，也在很大程度上对中华民族的历史与文化进行了共同创造和丰富。① 从上述理论可以看出，中华民族在起源、形成以及发展的过程中，各民族多元共存、和谐共生、交错杂居，这种历史现实在很大程度上为当前中国实现国家认同及民族认同的有效整合指明了方向。由于我国是一个在长期的历史中形成的统一多民族国家，同时也是一个发展的具有一体多元中华文化与中华民族共同体的国家。各民族的文化认同虽然有异质性的因素相排斥，但是总体而言也有同质性的内核与纽带相统一。

第一，恰当理解和把握"多元"和"一体"两者间的辩证关系。不同民族间的文化多样性，使中华文化在很大程度上得到了丰富和发展。这些文化彼此间相互比较、融合，也在很大程度上促进了各民族文化繁荣，推动了中华文化不断创新进步。因此，保护、支持各民族优秀文化，尊重、包容多元文化的发展，不仅利于消解弱势少数民族对文化同化的忧虑，同时也符合文化发展规律。对于我国特别是新疆等民族地区民族文化的繁荣来说，文化的多样性是一个非常有利的因素，因此需要我们在很大程度上发挥好这种优势。在历史发展的新时期，面对思想文化领域的新形势，必须以社会主义核心价值体系尊重差异，包容多样，积极引领社会思潮，在很大程度上促进各种主流社会思想的共同繁荣。② 此外，在中华文化认同建设中还应正确处理共性和个性的关系。不仅仅需要加强对各族人民的引导，使其去体认中华文化和本民族文化的同质性和同体性，同时，还应在很大程度上推进中华文化融合、内化，使其成为各民族的共同文化。

第二，正确处理政治认同与文化认同彼此间的关系。政治认同最核心

---

① 《费孝通文集》，群言出版社，1999，第381页。

② 《中共中央关于构建社会主义和谐社会若干重大问题的决定》中发〔2006〕19号，《中华人民共和国国务院公报》，2006，第33号。

地表现为对政治制度的认同。中国作为一个社会主义国家，其政治认同突出体现在对相应的制度、理论及道路的认同，而利益层面的认同是国家认同的根源。从中国近现代史及改革开放历程中可以看出，中国共产党带领中国人民所走的社会主义道路能够实现人民富裕幸福、国家安全、社会民主自由及民族平等团结的共同愿望。国家认同的强化与国家建设的成效是成正比的。此外，官僚腐败、地区发展悬殊以及部分社会问题难以得到有效解决等负面因素均会在很大程度上伤害各民族人民对国家的认同。因此，根据"四个全面"的战略布局，有效开展国情宣传教育，同时坚持全面依法治国，扎扎实实地推进改革发展，坚定不移地转变作风，惩治腐败，解决好人民普遍关心的切身利益问题，已经成为提升各族人民国家认同的有效方式。

第三，进一步明确传统与现代文化间的正确关系。中华文化源远流长，在不同的民族中也有绚丽夺目的悠久文化，在历史长河中共同汇聚成中华文化。因而，我们必须大力对那些促进社会与民族进步的且适应现代社会需求的，有必然性的优秀传统文化进行保护和挖掘。可以说，"取其精华，去其糟粕"才是对待传统文化的正确态度。因此，在处理传统文化与现代文化的关系时，应该对有着积极意义、生命力与竞争力的优秀文化"推陈出新，古为今用"，而在社会历史的发展中，那些失去"必然性"的、不符合时代要求的导致社会更加落后的传统文化将要不断地扬弃。

第四，正确处理宗教文化与民族文化的关系。我们知道，宗教信仰离不开信众对宗教信仰对象的崇拜认同。这种认同将使信众全身心地坚定不移皈依宗教信仰。由于历史的因素，部分民族的文化受到宗教文化的影响，扬善戒恶、崇尚和平、诚信、善良、博爱等宗教文化的精华已经融入这些民族的文化之中。因此，彰扬宗教中的积极因素，尊重保护正当宗教信仰活动，在很大程度上有利于民族文化之间的相互认同。但是，在人类发展的历史长河中，宗教极端势力对民族认同、国家认同及文化认同产生了极大的破坏。因此，实现民族认同、中华文化认同及国家认同的和谐一致，必须从思想意识形态领域充分揭露其反动性、残忍性及荒谬性，从而依法打击宗教极端势力。

第五，增强国民共属一体的感觉，挖掘传统文化资源的意蕴。民族文化是民族发展的天然纽带，在很大程度上结合了民族共有的精神与性格。

中华民族是多元一体，因此是各民族共同的认同，对统一国家的认同而不是片面的对本民族的认同，这才是在各民族认同一致上的国家认同。在当前的国家认同构建中，要把国家认同建立在民族认同之上，通过铸牢中华民族共同体意识，使各民族在更高的阶段上实现对国家的认同。因此，无论是语文教科书的编写，还是历史教科书的编撰，都不能刻意地对某个特定族群的刚性特征做过度突出的描述，事实上，故意凸显某个特定族群的刚性特征的行为也将在很大程度上导致自我内部差异性强化。相反，在语文教科书或者历史教科书的编写过程中，可以加强对中华民族共有特征的强化，突出全体国民的"中华民族感"，凸显出与世界其他民族相比，中华民族的独特性，可以在很大程度上发挥国家的凝聚力与民族优越感，从而构筑稳固的心理基础来促进当代中国国家认同的构建。

三　加强国民教育

国家认同不仅是维系国家团结的重要纽带，同时在很大程度上体现了现代国家的合法性基础，而通过国民教育不仅可以提供政治、法律方面与国民身份相关的知识，还可以形成国民对所属国家存在合法性及合理性的观念和价值，形成国民关心国家并积极改善国家现状的意愿，也容易促使国民的共同行动，因此可以在很大程度上强化国家认同。

第一，国民教育在很大程度上促进国家归属感与国民的身份的认同。虽然在法律制度已经明确了中国人的国民身份，但是由于历史和国情的特殊，在某些地方国民对自身的国家归属感不强，地方在保障国民身份实施过程中有很多尚未解决的问题。由于国家认同离不开国民身份的认同，离不开国民对国家归属感的获得，同时也只有"当全体国民都以国民的身份去思维、去感受、去行动，才会在很大程度上保证健康兴旺的国家出现"[1]，所以必须真正保障国民的国民身份和相应的权利。这需要我们通过国民教育，淡化族裔意识，强化和突出无差别的、平等的国民身份意识，从而实现多民族国家的统一与发展。

第二，国民教育在很大程度上促进了国民对国家制度的认同。由于国

---

[1]〔德〕乔治·凯兴斯泰纳：《凯兴斯泰纳教育论著选》，郑惠卿译，人民教育出版社，1993，第 213 页。

家认同本质属于一种政治认同，且是一种政治共同体。现代政治认同包含国家制度的认同。制度认同是国家政治稳定与政治合法性的重要前提，是指一个国家的国民对国家制度框架体系的支持与认可情况，如果制度认同遭受危机，将使执政党、政治组织的合法性受到质疑，整个国家也会处于不稳定与分裂的危机当中。"想要达到长治久安的目的，一种政体必须在很大程度上使全邦各部分各阶级的人们都怀抱着让它存在和延续的意愿，并能积极参加到政体的运作中。"①

第三，国民教育在很大程度上促进了国民对国家核心价值的认同。实践的发展需要一个民族、一个社会、一个国家形成起主导和统领作用的、居核心地位的共同价值或者核心价值，它是一个国家团结统一的共同价值基础，也是统领国家的精神之魂。核心价值观可以作为"黏合剂"，在很大程度上维系社会秩序。此外，核心价值观也是一个国家不可或缺的"软实力"，是一种更为稳定性、深层次、基础性的精神力量。

教育的核心价值是文化价值，因此，国民的教育素质是道德的、科学的、政治的、艺术的乃至宗教信仰等文化价值观念的总和，这也决定了国民教育的目标要构建适合于国民身份要求的观点、价值与态度的核心价值观。核心价值观是国家意识形态的本质体现，因此，对国民核心价值观的教育具有重要的作用，可以大大促进国家价值认同的构建与提升。因此，必须紧抓文化意识形态领导权，坚持国民教育全过程融入社会主义核心价值观，坚持尊重差异，包容多样，促进社会思想共识的形成与发展。

第四，用国民教育培养国民的国家责任感。国家责任感是国民重要的美德，也是国民国家认同的最高境界。国民对国家的情感、对国家责任意识和服从国家的自觉态度构成了国民的国家责任感。对于国家来说，国民对国家的责任意识是非常宝贵的。国民只有把对国家情感升华为国家责任感，才能在很大程度上进一步转化为爱国行动。新时代，必须坚持不懈地用马克思主义理论教育人民，武装人民，要"有感、有形、有效"地开展工作，以润物细无声的方法培育国民的国家责任感和国家的认同感，促进国民国家意识朝着爱国行为的转化。

国民责任在本质上体现为国家责任，具体表现为参与公共事务的管理

---

① 〔古希腊〕亚里士多德：《政治学》，吴寿彭译，商务印书馆，1996，第188页。

与国家政治事务，服务社会，奉献国家。这种责任意识使民主自治政府充满活力，也提升了国民国家认同的境界。全球化时代，国家内部的团结、稳定及和谐发展尤其依赖社会全体成员对国家的高度认同。此外，强化国家认同还可以通过民族交融、社会整合、经济发展等方式。但是，法国、美国、英国、新加坡等许多国家的经验表明，国民教育是促进国家认同最便捷的方式。这些国家都非常重视国民的教育，培养了一代又一代忠诚、负责、乐于奉献、爱国的国民。对此，我们要结合我国实际，广泛借鉴国外先进经验，全面加强国民教育，积极提升国民的国家认同感。

四 培育社会主义核心价值观

在进行国家认同的建立时，价值观以及价值体系发挥着十分关键的作用。其中，决定价值体系走向的核心价值体系更是反映了社会普遍的价值观。作为价值观，在很大程度上引领着社会思潮，决定了社会意识的性质与方向，推动着社会的前进。同时，核心价值体系在历史发展进程中直接关乎国家和平与安定，是社会发展的风向标和社会安定的重要影响力量。当前，在全球范围内的各种思想文化彼此碰撞、彼此交融的错综环境下，党提出了一个重大战略任务与重大命题——建设社会主义核心价值体系。由此可见，建设社会主义核心价值体系在增强社会主义基本制度的认同、强化民族共同的文化价值观念、提升国民的国家认同感等各方面都发挥了不可替代的作用。

第一，积极寻求个人利益与国家利益的结合点，满足人们的利益诉求，提升国民的福祉。国家认同感的建构依赖于国民心态的调动，同时也依赖于意识形态的大力宣传。但是，国民心态的调动与意识形态的大力宣传都必须以经济基础作为支撑，否则最后的结果也会事与愿违，口号也将仅是苍白无力的话语。在现代社会上，个体越来越多地表达其个人诉求，自我意识不断觉醒并迅速发展，个体需要的满足呼唤国家在最大限度实现其自身功能来加以保障。设想，如果一个国家难以满足其公民基本的物质需要与合理的权利渴望，那么这个国家将很难获得公民的认同。正因如此，现代国家必须充分保障个体的自由权利，大力推进法治，积极完善各项民主制度，不断满足国民参政议政、表达政治权利的诉求，从而创造公平正义的框架，在很大程度上保障个体的机会平等原则，从而提升国民对国家的认同。

　　第二，实现民族认同和国家认同的统一，强调中华民族和国家整体利益。作为一个整体，现代国家必须采用适当的方式在整体的国家认同之中融入各个民族或族群的认同。相反的话，这个国家的认同将在很大程度上被其他民族认同所替代，这个国家也将陷于混乱。所以说，国家认同必须始终保持在第一认同的位置之上。因此，只有做到中华民族认同和国家认同，而非特定族群认同的统一，当代中国才能在很大程度上使国家认同获得稳固基础。由此看来，在进行国家认同的建构过程中，当代中国必须以各民族为基础，在很大程度上调动中华民族共属一体想象，弘扬爱国主义的光荣传统。中华民族文化源远流长，也是各民族共同努力积累的成果。因此关于爱国主义光荣传统的弘扬过程中，不能刻意地对某个特定族群的刚性特征做过度突出的描述，而应立足于各个民族基础之上，弘扬各民族的共有的刚性特征，从而构筑稳固的心理基础来促进当代中国国家认同的构建。

　　第三，增强社会主义核心价值体系解决实际问题的能力及理论说服力的能力。首先，不仅要发挥社会主义核心价值体系理论说服作用，同时也要在很大程度上发挥社会主义核心价值体系在实践中的指导作用，才能使得理论被人民群众所掌握。然而，如何使社会主义核心价值体系发挥在实践中的指导作用成为一个值得思考的问题。笔者认为，为使社会主义核心价值体系充分发挥在实践中的指导作用，必须结合实际，使社会主义核心价值体系符合人民群众的需要，而对于少数民族群众而言，要想使社会主义核心价值体系发挥出最大的效用就必须使其真正符合少数民族群众的需要。此外，在社会主义核心价值体系的实践过程中，要切实考虑少数民族群众接受能力与群众的知识结构、认知特点，从少数民族群众的实际出发，避免大话、空话，去掉苍白的、抽象的学术语言，把社会主义核心价值体系理论转化为少数民族群众喜闻乐见的少数民族大众语言，使得社会主义核心价值体系理论成为少数民族群众看得明、学得进、听得懂的实用理论，以便发挥其真正的指导作用。

　　其次，还应让社会主义核心价值体系理论结合少数民族群众生产实践，结合少数民族群众生活实际，切实关注少数民族群众生活中关心、关注的热点问题，并通过具体的方针政策的制定，将社会主义核心价值体系理论转化为引导老百姓就业、住房、社会保障、生产等民生问题的价值选择指南，也只有这样才能真正意义上增强理论的感染力与吸引力，切实增强社会主义核心价值体系解决实际问题能力，使老百姓从中学、愿意学、用得上。

最后，创新宣传方法途径。少数民族作为中华民族大家庭中的一员，要自主地认同社会主义核心价值体系。因此，宣传就要"走心、走实"，结合民族文化"有知、有感"进行社会主义核心价值体系的宣传，应避免采取刻板、灌输的方式，而应让少数民族群众拥有更大的话语权，从而使其从内心深处愿意接受社会主义核心价值体系理论的宣传，甚至可以发动群众，让少数民族群众主动成为社会主义核心价值观的传播者，这不仅能提升社会主义核心价值体系的宣传效率，同时也使少数民族群众在宣传社会主义核心价值体系提高认识，从而有力促进社会主义核心价值体系的传播和践行。

五　铸牢中华民族共同体意识

习近平强调，铸牢中华民族共同体意识是新时代党的民族工作的"纲"，所有工作要向此聚焦。改革开放后特别是党的十八大以来，我们党强调中华民族大家庭、中华民族共同体、铸牢中华民族共同体意识等理念，既一脉相承又与时俱进贯彻党的民族理论和民族政策，积累了把握民族问题、做好民族工作的宝贵经验，形成了党关于加强和改进民族工作的重要思想。

第一，加强政治建设，坚持和完善民族区域自治制度。1949年《中国人民政治协商会议共同纲领》规定："各少数民族聚居的地区，实行民族区域自治。"1952年《民族区域自治实施纲要》《关于保障一切散居的少数民族成分享有民族平等权利的决定》、1954年《宪法》和1984年《民族区域自治法》的出台不断完善民族区域自治，民族区域自治已成为我国重要政治制度。2017年10月18日，党的十九大报告把"坚持人民当家作主"作为坚持和发展新时代中国特色社会主义基本方略之一，提出了"坚持和完善民族区域自治制度"[①]。2018年3月5日下午，习近平在参加十三届全国

---

① 习近平：《决胜全面建成小康社会 夺取新时代中国特色社会主义伟大胜利》，《人民日报》2017年10月28日，第1版。

人大一次会议内蒙古代表团审议时再次强调："民族团结是各族人民的生命线。加强民族团结，根本在于坚持和完善民族区域自治制度。"① 2021 年 8 月 27~28 日中央民族工作会议在北京召开，习近平总书记强调，必须坚持和完善民族区域自治制度，确保党中央政令畅通，确保国家法律法规实施，支持各民族发展经济、改善民生，实现共同发展、共同富裕。② 通过完善差别化区域支持政策，支持民族地区全面深化改革开放，提升自我发展能力。

实行民族区域自治，体现了国家充分尊重和保障各少数民族管理本民族内部事务的精神，体现了国家坚持实行各民族平等、团结和共同繁荣的原则。民族区域自治制度，是在国家统一和领土完整前提下，维护民族地区社会稳定、经济发展的制度保障。民族区域自治制度保障我国各民族当家作主的权利，增强了各民族的凝聚力和向心力，增强了各民族中华民族共同体意识。③

第二，加强党的领导，培养少数民族干部队伍。加强和完善党的全面领导，是做好新时代党的民族工作的根本政治保证。2014 年 9 月，习近平在中央民族工作会议上明确指出："做好民族工作关键在党、关键在人。"④ 2021 年 8 月 27~28 日中央民族工作会议在北京召开，中共中央总书记、国家主席、中央军委主席习近平出席会议并发表重要讲话，强调各级党委要增强"四个意识"、坚定"四个自信"、做到"两个维护"，不断提高政治判断力、政治领悟力、政治执行力，牢记"国之大者"，认真履行主体责任，把党的领导贯穿民族工作全过程，形成党委统一领导、政府依法管理、统战部门牵头协调、民族工作部门履职尽责、各部门通力合作、全社会共同参与的新时代党的民族工作格局，加强基层民族工作机构建设和民族工作力量，确保基层民族工作有效运转。中国共产党作为我国的执政党，只有健全民族地区党组织和大力培养少数民族干部队伍，充分发挥其战斗堡垒作用，才能不断推进民族团结进步事业。少数民族干部了解和熟悉本民

---

① 习近平：《扎实推动经济高质量发展 扎实推进脱贫攻坚》《人民日报》2018 年 3 月 6 日，第 1 版。

② 《「学习小组」习近平出席中央民族工作会议并发表重要讲话》，海外网，https://baijiahao.baidu.com/s?id=1709331817785800153&wfr=spider&for=pc，2021 年 8 月 28 日。

③ 《中华人民共和国民族区域自治法》，民族出版社，2001，第 2 页。

④ 《中央民族工作会议暨国务院第六次全国民族团结进步表彰大会在北京举行》，《人民日报》2014 年 9 月 30 日，第 1 版。

族群众的语言文字、风俗习惯、文化心理等，能够密切联系本民族群众，及时反映本民族群众的诉求，有利于推进本民族各项事业发展。要坚持新时代好干部标准，努力建设一支维护党的集中统一领导、态度特别坚决、明辨大是大非、立场特别清醒、铸牢中华民族共同体意识行动特别坚定、热爱各族群众、感情特别真挚的民族地区干部队伍，确保各级领导权掌握在忠诚干净担当的干部手中。要更加重视、关心、爱护在条件艰苦地区工作的一线干部，吸引更多优秀人才。要重视培养和用好少数民族干部，对政治过硬、敢于担当的优秀少数民族干部要充分信任、委以重任。要加强民族地区基层政权建设，夯实基层基础，确保党的民族理论和民族政策到基层有人懂，民族工作在基层有人抓。①

　　第三，共享经济发展成果，奠定中华民族共同体意识的物质基础。新中国成立后，党和国家非常重视民族地区经济发展，已取得了辉煌的成绩。从毛泽东同志到习近平同志，历代领导人都高度重视民族地区经济社会发展。2014年，习近平在中央民族工作会议上强调："加快民族地区经济社会发展是关系民族地区长治久安的战略方针"，"民族地区集资源富集区、水系源头区、生态屏障区、文化特色区以及边疆地区、贫困地区于一身，这是我国的基本国情，也是民族工作的'家底'。……（民族地区）必须加快发展，实现跨越式发展。要紧扣民生抓发展，重点抓好就业和教育；要发挥资源优势，重点抓好惠及当地和保护生态；要搞好扶贫开发，重点抓好特困地区和特困群体脱贫；要加强边疆建设，重点抓好基础设施建设和对外开放。"② 习近平强调："增强民族团结的核心问题，就是要积极创造条件，千方百计加快少数民族和民族地区经济社会发展，促进各民族共同繁荣发展。"③ 坚持以经济建设为中心，加大对民族地区的扶持力度，使各民族共享发展成果，逐渐缩小各民族间的物质文明差距，形成各民族互惠共同体，是奠定中华民族共同体意识的物质基础。

---

① 《「学习小组」习近平出席中央民族工作会议并发表重要讲话》，海外网，https://baijiahao.baidu.com/s?id=1709331817785800153&wfr=spider&for=pc，2021年8月28日。
② 求是评论员：《坚定不移走中国特色解决民族问题的正确道路》，《求是》2014年第20期，第13页。
③ 中共中央文献研究室编《习近平关于协调推进"四个全面"战略布局论述摘编》，中央文献出版社，2015，第37页。

第四，实行国家通用语言教育，提升民族发展能力。语言的功能主要体现在社会和思维两个方面，其中社会功能包括信息传递功能和人际互动功能。思维功能是思维的载体和物质外壳以及表现形式。通用语言教育可以在各民族间准确表达自己的意识，消除民族间相互交流的语言障碍，促进各民族交往交流交融，提升民族发展能力，获得更多发展机会，逐渐缩小地区间的发展差距。有利于各民族相互学习交流、取长补短；有利于各民族团结奋斗、共同繁荣；有利于续写灿烂的各少数民族文化和中华文化；有利于增强中华民族凝聚力；有利于铸牢中华民族共同体意识。①

第五，建立相互嵌入式的社会结构，建设共有家园。中共中央办公厅、国务院办公厅于 2019 年 1 月 23 日印发《关于全面深入持久开展民族团结进步创建工作铸牢中华民族共同体意识的意见》（中办发〔2018〕65 号），要求促进各民族交往交流交融，推进建立相互嵌入式的社会结构，积极营造各民族共居共学共事共乐的社会条件，开展各族群众交流、培养、融洽感情的工作，形成密不可分的共同体，② 做到"各民族要相互了解、相互尊重、相互包容、相互欣赏、相互学习、相互帮助，像石榴籽那样紧紧抱在一起"③。2021 年 8 月 27～28 日中央民族工作会议在北京召开，习近平强调："要促进各民族交往交流交融。要充分考虑不同民族、不同地区的实际，统筹城乡建设布局规划和公共服务资源配置，完善政策举措，营造环境氛围，逐步实现各民族在空间、文化、经济、社会、心理等方面的全方位嵌入。"④

---

① 周建标：《习近平铸牢中华民族共同体意识的理论内涵及实践路径》，《上海市社会主义学院学报》2022 年第 3 期。
② 中共中央办公厅、国务院办公厅：《关于全面深入持久开展民族团结进步创建工作铸牢中华民族共同体意识的意见》，《人民日报》2019 年 10 月 24 日，第 1 版。
③ 习近平：《在第二次中央新疆工作座谈会上发表重要讲话》，新华网，https://www.neac.gov.cn/seac/c100500/201405/1085610.shtml，2015 年 9 月 24 日。
④ 《「学习小组」习近平出席中央民族工作会议并发表重要讲话》，海外网，https://baijiahao.baidu.com/s?id=1709331817785800153&wfr=spider&for=pc，2021 年 8 月 28 日。

结　语

　　国家认同的价值本质上是一种国家意识形态，是国家权力实现的构成要素。在以经济全球化和"文明"冲突为核心的国际竞争背景下，民族国家必须把巩固和提升国家认同作为国家建设的重要任务。近代以来中国国家建设经验表明，没有自身的价值系统，无论怎么努力，都无法真正形成支撑国家和社会的价值理念。国家认同的价值研究就是要探求这种国家建设迫切需要的价值力量，中国的国家建设也迫切需要创造这种价值的理论来巩固国家意识形态，提高国家治理水平。本书正是基于上述理解和判断展开思考的。

　　本书以马克思主义价值哲学为理论基础，应用当代价值理论及其价值论研究方法，把国家认同植根于历史、现实和未来进程中，坚持真理性与价值性、规定性和获得性、超越性和有限性的统一，来分析研究国家认同的价值的本质。这对巩固国家政权、实现国家有效治理，凝聚社会共识，化育社会道德，促进个人发展、引导个人实践都具有重要意义。深入研究国家认同的价值问题，尤其是对国家认同进行哲学意义上的理性批判，建构国家认同的价值论体系，使之成为增强我国国家凝聚力和实现中国梦的理论基础，具有重大的理论意义和实践价值。以上这些认识构成了本书分析的基础。

　　基于这种认识，本书以国家认同的价值在国家建构过程中居于什么样的地位，对国民、族群、民族的生存发展有什么样的作用为首要的基本问题，围绕国家认同的价值本质、特征、生成根源、评价和实现等五个问题展开。通过对国家认同的价值透视和理性批判，自认为初步建立起国家认同的价值论体系。但自身学识有限，文中的结构和论述尚需继续完善，也请各位同仁多加指点。

　　国家转型升级的历史进程造就了价值"一元"与"多元"的共生，解构这一充满现实张力的矛盾，需要强大理论的解释。国家认同的价值就在于多元意识在国家层面同一的意义，也就是确立国家转型时期国家认同的主导性价值目标。国家认同的价值问题是一个系统的理论问题，其范围之广、涵盖内容之深是不言而喻的。这是一个宏大的体系，给笔者对论题的完成带来了极大挑战，因此问题和不足就在所难免。

首先，本书是在价值论的支撑和价值哲学方法论的指导下得以成形，但由于时间的局限性，对价值评价的规范体系与价值评价的逻辑关系的梳理还不够深刻，尤其是国家认同的价值规范体系，有待于进一步的阐释。其次，对国家认同的价值理论体系的建构也仅仅是按照价值哲学方法论建立起的一个理论框架，即对国家认同的价值概念、本质、生成、评价和实现的体系建构，其宏大体系的丰富与发展才刚刚开始。因此，国家认同的价值研究还需要笔者投入更多的精力。最后，基于自身视野和时间的局限性，笔者希望更多的理论工作者投身于其中，站在不同的视角，从不同的学科出发，以不同的研究方法交叉参与其中，共同推进国家认同的价值研究。

参考文献

《马克思恩格斯文集》第 1、2、4、8、9 卷，人民出版社，2009。

《马克思恩格斯全集》第 3 卷，人民出版社，1960。

《马克思恩格斯全集》第 19 卷，人民出版社，1963。

《马克思恩格斯全集》第 20 卷，人民出版社，1971。

《马克思恩格斯全集》第 23 卷，人民出版社，1972。

《马克思恩格斯全集》第 26 卷，人民出版社，1973。

《马克思恩格斯全集》第 49 卷，人民出版社，1982。

《列宁选集》第 4 卷，人民出版社，1995。

《邓小平文选》第 3 卷，人民出版社，1993。

《习近平谈治国理政》第 1 卷，外文出版社，2018。

《习近平谈治国理政》第 1 卷，外文出版社，2014。

《习近平谈治国理政》第 3 卷，外文出版社，2020。

〔美〕阿尔蒙德、鲍威尔：《比较政治学：体系、过程和政策》，曹沛霖等译，东方出版社，2007。

〔法〕埃米尔·涂尔干：《社会分工论》，渠东译，生活·读书·新知三联书店，2000。

〔美〕本尼迪克特·安德森：《想象的共同体：民族主义的起源与散布》，吴叡人译，上海世纪出版集团、上海人民出版社，2011。

〔英〕安东尼·吉登斯：《现代性与自我认同：现代晚期的自我与社会》，赵旭东、方文译，生活·读书·新知三联书店，1998。

〔英〕安东尼·吉登斯：《社会的构成：结构化理论大纲》，生活·读书·新知三联书店，1998。

〔英〕安东尼·D. 史密斯：《全球化时代的民族与民族主义》，龚维斌、良警宇译，中央编译出版社，2002。

〔美〕安冬尼·奥罗姆:《政治社会学导论》，张华青、何俊志等译，上海人民出版社，2006。

〔英〕巴特·范·斯廷博根编《公民身份的条件》，郭台辉译，吉林出版社，2007。

〔古希腊〕柏拉图:《理想国》，郭斌和、张竹明译，商务印书馆，1994。

〔英〕鲍桑葵:《关于国家的哲学理论》，汪淑钧译，商务印书馆，1995。

〔美〕博登海默:《法理学——法哲学及其方法》，邓正来、姬敬武译，华夏出版社，1987。

〔英〕布赖恩·特纳编《公民身份与社会理论》，郭忠华、蒋红军译，吉林出版集团有限责任公司，2007。

〔美〕布罗姆利:《经济利益与经济制度——公共政策的理论基础》，陈郁等译，上海三联书店、上海人民出版社，1996。

〔加拿大〕查尔斯·泰勒:《自我的根源：现代认同的形成》，韩震等译，译林出版社，2001。

〔英〕大卫·休谟:《人性论》，贾广来译，北京联合出版传媒股份有限公司、万卷出版公司，2015。

〔美〕戴维·哈维:《社会正义、后现代主义和城市》，朱康译，罗岗主编《帝国、都市与现代性》，江苏人民出版社，2006。

〔美〕丹尼尔·贝尔:《资本主义文化矛盾》，赵一凡等译，生活·读书·新知三联书店，1989。

〔美〕道格拉斯·凯尔纳，斯蒂文·贝斯特:《后现代理论——批判性的质疑》，张志斌译，中央编译出版社，1999。

〔日〕渡边信一郎:《中国古代的王权与天下秩序》，徐冲译，中华书局，2008。

〔德〕哈贝马斯:《包容他者》，曹卫东译，上海人民出版社，2002。

〔德〕哈贝马斯:《合法化危机》，刘北成、曹卫东译，上海人民出版社，2009。

〔德〕哈贝马斯:《交往行为理论》，曹卫东译，上海人民出版社，2004。

〔德〕哈贝马斯:《在事实与规范之间——关于法律和民主法治国的商

谈理论》，童世骏译，生活·读书·新知三联书店，2003。

〔美〕赫根汉：《人格心理学导论》，何瑾、冯增俊译，海南人民出版社，1988。

〔美〕汉娜·阿伦特：《公共领域和私人领域》，刘峰译，汪晖、陈燕谷主编《文化与公共性》，生活·读书·新知三联书店，1998。

〔德〕黑格尔：《法哲学原理》，范扬、张企泰译，商务印书馆，1961。

〔德〕黑格尔：《法哲学原理》，杨东柱、尹建军、王哲译，北京出版社，2007。

〔英〕亨利·西季威克：《伦理学史纲》，熊敏译，江苏人民出版社，2008。

〔英〕威廉·冯·洪堡：《论国家的作用》，林荣远等译，中国社会科学出版社，1998。

〔英〕霍布斯：《利维坦》，黎思复等译，商务印书馆，1985。

〔英〕霍布斯鲍姆：《革命的年代：1789—1848》，王章辉等译，江苏人民出版社，1999。

〔英〕霍布斯鲍姆：《资本的年代：1848—1875》，张晓华等译，江苏人民出版社，1999。

〔英〕吉姆·麦克盖根：《文化民粹主义》，桂万先译，南京大学出版社，2001。

〔德〕卡尔·施米特：《当今议会制的思想史状况》，冯克利、刘锋译，《政治的浪漫派》，上海人民出版社，2004。

〔德〕卡尔·施米特：《霍布斯国家学说中的利维坦》，应星、朱雁冰译，华东师范大学出版社，2008。

〔德〕乔治·凯兴斯泰纳：《凯兴斯泰纳教育论著选》，郑惠卿译，人民教育出版社，1993。

〔德〕康德：《实践理性批判》，关文运译，商务印书馆，1960。

〔美〕康芒斯：《制度经济学》上册，于树生译，商务印书馆，1962。

〔美〕科斯等：《财产权利与制度变迁——产权学派与新制度学派译文集》，刘守英译，上海三联书店、上海人民出版社，1994。

〔德〕克劳斯·奥菲：《福利国家的矛盾》，郭忠华等译，吉林人民出版社，2006。

〔美〕克利福德·格尔茨:《文化的解释》,韩莉译,译林出版社,2008。

〔英〕昆廷·斯金纳、〔瑞典〕博·斯特拉思主编《国家与公民:历史·理论·展望》,彭利平译,华东师范大学出版社,2005。

〔英〕拉斯基:《国家的理论与实际》,王造时译,商务印书馆,1959。

〔英〕莱斯诺夫等:《社会契约论》,刘训练等译,江苏人民出版社,2006。

〔德〕李凯尔特:《文化科学和自然科学》,涂纪亮译,商务印书馆,1996。

〔美〕李普塞特:《一致与冲突》,张华省译,上海人民出版社,1995。

〔法〕卢梭:《爱弥儿》,李平沤译,商务印书馆,2017。

〔法〕卢梭:《论人类不平等的起源和基础》,商务印书馆,1962。

〔法〕卢梭:《论人与人之间不平等的起因和基础》,李平沤译,商务印书馆,2007。

〔法〕卢梭:《社会契约论》,何兆武译,商务印书馆,1980。

〔美〕鲁恂·W. 派伊:《政治发展面面观》,任晓、王元译,天津人民出版社,2009。

〔美〕罗尔斯:《正义论》,何怀宏、何包钢、廖申白译,中国社会科学出版社,1988。

〔美〕罗尔斯顿:《环境伦理学》,杨通进译,中国社会科学出版社,2002。

〔英〕罗素:《西方哲学史》下册,马元德译,商务印书馆,1976。

〔德〕马克斯·韦伯:《经济与社会》上卷,林荣远译,中央编译出版社,2002。

〔德〕马克斯·韦伯:《经济与社会》下,林荣远译,商务印书馆,1997。

〔美〕麦金太尔:《伦理学简史》,龚群译,商务印书馆,2003。

〔美〕曼纽尔·卡斯特:《认同的力量》,曹荣湘译,社会科学文献出版社,2006。

〔英〕密尔:《论自由》,顾肃译,译林出版社,2012。

〔美〕默顿:《科学社会学:理论与经验研究》,鲁旭东、林聚任译,商务印书馆,2003。

〔美〕诺思:《经济史中的结构与变迁》,陈郁、罗华平等译,上海三联书店、上海人民出版社，1994。

〔美〕佩鲁：《新发展观》，张宁、丰子义译，华夏出版社，1987。

〔美〕乔·特纳：《社会学理论的结构》上，邱泽奇等译，华夏出版社，2001。

〔美〕乔姆斯基：《新自由主义和全球秩序》，徐海铭、季海宏译，江苏人民出版社，2000。

〔美〕塞缪尔·亨廷顿：《变化社会中的政治秩序》，王冠华、刘为译，上海人民出版社，2008。

〔美〕塞缪尔·亨廷顿、劳伦斯·哈里森：《文化的重要作用：价值观如何影响人类进步》，程克雄译，新华出版社，2002。

〔美〕塞缪尔·亨廷顿：《文明的冲突与世界秩序的重建》，周琪等译，新华出版社，1998。

〔美〕塞缪尔·亨廷顿：《我们是谁？——美国国家特性面临的挑战》，程克雄译，新华出版社，2005。

〔英〕斯宾塞：《国家权力与个人自由》，谭小勤等译，华夏出版社，2000。

〔美〕施特劳斯：《自然权利与历史》，彭刚译，生活·读书·新知三联书店，2003。

〔英〕斯图亚特·霍尔：《文化身份与族裔散居》，罗钢、刘象愚主编《文化研究读本》，中国社会科学出版社，2000。

〔英〕泰勒：《原始文化》，蔡江浓译，浙江人民出版社，1988。

〔英〕梯利著，伍德增补《西方哲学史》，葛力译，商务印书馆，1995。

〔法〕涂尔干：《社会分工论》，渠东译，生活·读书·新知三联书店，2000。

〔德〕文德尔班：《哲学史教程》上卷，文达仁译，商务印书馆，1987。

〔美〕沃格林：《科学、政治与灵知主义》，《没有约束的现代性》，张新樟、刘景联译，华东师范大学出版社，2007。

〔德〕乌尔里希·贝克、〔英〕安东尼·吉登斯、斯科特·拉什：《自反性现代化：现代秩序中的政治、传统与美学》，赵文书译，商务印书馆，2014。

〔古希腊〕亚里士多德：《尼各马可伦理学》，廖申白译，商务印书馆，2003。

〔古希腊〕亚里士多德：《政治学》，吴寿彭译，商务印书馆，1996。

北京大学哲学系外国哲学史教研室编《十八世纪法国哲学》，商务印书馆，1963。

陈桐生注《国语》，中华书局，2013。

陈新汉：《社会评价论》，上海社会科学院出版社，1997。

程俊英译注《诗经译注》，上海古籍出版社，1985。

《费孝通文集》第1卷，群言出版社，1999。

费孝通：《中华民族多元一体格局》，中央民族学院出版社，1989。

封永平：《大国崛起困境的超越：认同建构与变迁》，中国社会科学出版社，2009。

冯润明：《全球化语境下的民族精神》，教育出版社，2007。

葛兆光：《中国思想史》，复旦大学出版，2001。

宫志刚：《社会转型与秩序重构》，中国人民公安大学出版社，2004。

郭沫若：《卜辞通纂》，科学出版社，1983。

韩震：《全球时代的文化认同与国家认同》，北京师范大学出版社，2013。

何成洲：《跨学科视野下的文化身份认同：批评与探索》，北京大学出版社，2011。

贺金瑞：《全球化与交往实践》，人民出版社，2013。

洪霞：《欧洲的灵魂：欧洲认同与民族国家的重新整合》，中国大百科全书出版社，2010。

胡厚宣：《论五方观念及中国称谓的起源》，《甲骨学商史论丛初集》，河北教育出版社，2002。

黄怀信：《〈逸周书〉源流考辨》，西北大学出版社，1992。

江畅：《现代西方价值哲学》，湖北人民出版社，2003。

江宜桦：《自由主义、民族主义和国家认同》，台北，扬智文化事业股份有限公司，1998。

金太军等：《政治文明建设与权力监督机制研究》，人民出版社，2010。

李德顺：《价值论：一种主体性的研究》，中国人民大学出版社，2013。

李连科：《哲学价值论》，中国人民大学出版社，1991。

李淑梅：《社会转型与人的现代重塑》，山西教育出版社，1998。

李友梅、肖瑛、黄晓春：《社会认同：一种结构视野的分析——以美、德、日三国为例》，上海人民出版社，2007。

龙小农：《从形象到认同：社会传播与国家认同建构》，中国传媒大学出版社，2012。

卢建荣：《台湾后殖民国族认同：1950—2000》，台北，麦田出版社，2003。

马俊峰：《马克思主义价值理论研究》，北京师范大学出版社，2012。

马戎编著《民族社会学：社会学的族群关系研究》，北京大学出版社，2004。

马戎编《西方民族社会学经典读本：种族与族群关系研究》，北京大学出版社，2004。

马胜利，邝杨：《欧洲认同研究》，社会科学文献出版社，2008。

马亚中、钱锡生、严明：《诸子曰》，福建教育出版社，2014。

慕平译注《尚书》，中华书局，2009。

任军峰：《地域本位与国族认同》，天津人民出版社，2004。

（汉）司马迁：《史记》，上海古籍出版社，2011。

孙伟平：《价值哲学方法论》，中国社会科学出版社，2008。

孙伟平：《事实与价值》，中国社会科学出版社，2000。

孙英：《幸福论》，人民出版社，2004。

万明刚：《多元文化视野价值观与民族认同研究》，民族出版社，2006。

《王弼集校释》，楼宇烈校释，中华书局，1980。

王海明：《公正与人道：国家治理道德原则体系》，商务印书馆，2010。

王海明：《国家学》上卷，中国社会科学出版社，2012。

王建娥等：《族际政治与现代民族国家》，社会科学文献出版社，2004。

王浦劬、燕继荣主编《政治学原理》，中央广播电视大学出版社，2014。

王千克：《价值探求》，黑龙江教育出版社，1989。

王世舜：《尚书译注》，四川人民出版社1982。

王玉樑：《价值哲学》，陕西人民出版社，1989。

徐贲：《通往尊严的公共生活：全球正义和公民认同》，新星出版社，2009。

宣兆凯：《中国价值观现状及演变趋势》，人民出版社，2011。

杨光斌主编《政治学导论》，中国人民大学出版社，2011。

杨天宇译注《周礼译注》，上海古籍出版社，2004。

杨文炯：《互动、调试与重构》，民族出版社，2007。

袁贵仁：《价值观的理论与实践：价值观若干问题的思考》，北京师范大学出版社，2013。

袁贵仁：《价值学引论》，北京师范大学出版社，1991。

翟学伟、甘会斌、褚建芳编译《全球化与民族认同》，南京大学出版社，2009。

张岱年：《文化与哲学》，教育科学出版社，1988。

张海洋：《中国的多元文化与中国人的认同》，民族出版社，2006。

张践、齐经轩：《中国历代民族宗教政策》，中国社会科学出版社，2007。

赵敦华：《人性和伦理的跨文化研究》，黑龙江人民出版社，2004。

赵馥洁：《价值的历程——中国传统价值观的历史演变》，中国社会科学出版社，2006。

赵中亚选编《王庸文存》，江苏人民出版社，2014。

郑晓云：《文化认同论》，中国社会科学出版社，1992。

周平：《中国少数民族政治分析》，云南大学出版社，2007。

朱贻庭：《中国传统伦理思想史》，华东师范大学出版社，2003。

〔英〕鲍伯·杰索普：《重构国家、重新引导国家权力》，何子英译，《求是学刊》2007年第4期。

曾竞：《国家认同：爱国主义的内核》，《辽宁行政学院学报》2012年第2期。

陈刚：《多元文化与民族认同》，《华中科技大学学报》（社会科学版）2007年第3期。

陈茂荣：《论"民族认同"与"国家认同"》，《学术界》2011年第4期。

庞金友：《族群身份与国家认同：多元文化主义与自由主义的当代论争》，《浙江社会科学》2007年第4期。

崔新建：《文化认同及其根源》，《北京师范大学学报》（社会科学版）2004年第4期。

丁长艳：《从结构性依赖到制度性认同：中国国家治理现代化的发展逻

辑》,《上海行政学院学报》2015 年第 4 期。

都永浩:《民族认同与公民、国家认同》,《黑龙江民族丛刊》2009 年第 6 期。

樊红敏:《国家认同建构中的文化认同与民族认同——汶川地震后的启示》,《郑州航空工业管理学院学报》（社会科学版）2008 年第 5 期。

丰子义:《全球化与民族文化发展》,《哲学研究》2001 年第 3 期。

冯志峰:《马克思主义权力观的生成逻辑及其实践路径》,《湖北行政学院学报》2011 年第 1 期。

傅华:《全球认同与民族国家认同》,《光明日报》2006 年 4 月 18 日,第 12 版。

干春松:《世界和谐之愿景:〈中庸〉与儒家的"天下"观念》,《学术月刊》2008 年第 9 期。

何新华:《试析古代中国的天下观》,《东南亚研究》2006 年第 1 期。

高靓:《回归十年,香港教育变化大》,《中国教育报》2007 年 6 月 25 日,第 8 版。

高文兵:《现代性语境中的民族认同与国家认同——论作为高等学校重要使命的社会主义民族关系教育》,《文史哲》2010 年第 6 期。

高永久,朱军:《论多民族国家中的民族认同与国家认同》,《民族研究》2010 年第 2 期。

郭湛:《文化:人为的程序和为人的取向》,《中国人民大学学报》2005 年第 4 期。

韩东屏:《道德究竟是什么——对道德起源与本质的追问》,《学术月刊》2011 年第 9 期。

韩庆祥:《从需要出发研究人的问题的新思路——读〈社会转型与现代人的重塑〉》,《哲学动态》1999 年第 5 期。

韩震:《论国家认同、民族认同及文化认同:一种基于历史哲学的分析与思考》,《北京师范大学学报》（社会科学版）2010 年第 1 期。

韩震:《论全球化进程中的多重文化认同》,《求是学刊》2005 年第 5 期。

韩震:《全球化时代的公民教育与国家认同及文化认同》,《社会科学战线》2010 年第 5 期。

郝时远：《民族分裂主义与恐怖主义》，《民族研究》2002 年第 1 期。

何俊志，杨季星：《社会中心论、国家中心论与制度中心论——当代西方政治科学的视角转换》，《天津社会科学》2003 年第 2 期。

何叔涛：《论多民族国家民族认同与国家认同的特点及互动》，《云南民族大学学报》（哲学社会科学版）2011 年第 6 期。

何树：《试析爱尔兰多元民族认同形成的原因》，《史学月刊》2002 年第 2 期。

贺金瑞、燕继荣：《论从民族认同到国家认同》，《中央民族大学学报》（哲学社会科学版）2008 年第 3 期。

贺善侃：《经济全球背景下的价值认同与冲突》，《毛泽东邓小平理论研究》2003 年第 5 期。

侯惠勤：《在社会主义核心价值观的概括上如何取得共识?》，《红旗文稿》2012 年第 8 期。

胡萨：《国家认同教育何以可能》，《思想政治课教学》2014 年第 5 期。

霍桂桓：《论作为文化软实力之载体的符号》，《哲学研究》2010 年第 6 期。

姬兴涛：《边疆少数民族大学生民族认同与国家认同研究及启示》，《南昌教育学院学报》2012 年第 2 期。

贾英健：《认同的哲学意蕴与价值认同的本质》，《山西师范大学学报》（人文社会科学版）2006 年第 1 期。

江畅：《论价值的基础、内涵和结构》，《江汉论坛》2000 年第 7 期。

江畅：《价值追求的多元化与行为规范的一元化》，《哲学动态》2007 第 1 期。

解志苹、吴开松：《全球化背景下国家认同的重塑——基于地域认同、民族认同、国家认同的良性互动》，《青海民族研究》2009 年第 4 期。

金炳镐、杨文顺：《文德、教化与和合精神——中国民族政策和民族关系的包容性分析》，《学术前沿》2013 年第 1 期。

寇东亮：《震灾、国家认同与爱国主义教育》，《郑州大学学报》（哲学社会科学版）2008 年第 6 期。

兰久富：《社会转型与价值冲突》，《北京师范大学学报》（社会科学版）1999 年第 3 期。

李崇林：《边疆治理视野中的民族认同与国家认同研究探析》，《新疆社会科学》2010 年第 4 期。

李俊清、付秋梅：《在公共服务中感知国家——论铸牢中华民族共同体意识的公共服务路径》，《公共管理与政策评论》2022 年第 3 期。

李瑞君：《当代新疆民族文化现代化与国家认同研究》，博士学位论文，中央民族大学，2012。

李连科：《关于价值、价值评价与科学认识》，《学习与探索》1985 第 3 期。

李明明：《论天下思想中的政道与治道》，《世界经济与政治》2011 年第 12 期。

李瑞君、贺金瑞：《试论风险社会视域下国家认同机制的建构》，《重庆社会主义学院学报》2011 年第 3 期。

李松玉：《制度的哲学解析》，《山东师范大学学报》（人文社会科学版）2003 年第 1 期。

李卫斌：《会计价值论——基于价值哲学视角》，博士学位论文，东北财经大学，2012。

李宪堂：《"天下观"的逻辑起点与历史生成》，《学术月刊》2012 年第 10 期。

李晓霞：《试析维吾尔民众的国家认同、民族认同与宗教认同》，《北方民族大学学报》（哲学社会科学版）2009 年第 6 期。

李友梅：《重塑社会认同与探索社会自我调适系统》，《探索与争鸣》2007 年第 2 期。

李禹阶：《民族认同与国家认同——论华夏社会中民族、国家意识的同一性》，《重庆师范学院学报》（哲学社会科学版）1999 年第 2 期。

李忠、石文典：《当代民族认同研究述评》，《西北民族大学学报》（哲学社会科学版）2008 年第 3 期。

林尚立：《现代国家认同建构的政治逻辑》，《中国社会科学》2013 年第 8 期。

刘莉：《全球场域中民族文化符号的传承与创新》，《广州大学学报》（社会科学版）2010 年第 12 期。

陆海发、胡玉荣：《论当前我国边疆治理中的民族认同与国家认同的整合》,《广西民族研究》2011 年第 3 期。

吕文利:《中国古代天下观的意识形态建构及其制度实践》,《中国边疆史地研究》2013 年第 3 期。

马得勇:《国家认同、爱国主义与民族主义——国外近期实证研究综述》,《世界民族》2012 年第 3 期。

马惠兰、陈茂荣:《论民族认同与国家认同一体化路径选择》,《中南民族大学学报》(人文社会科学版) 2011 年第 4 期。

马戎:《中华民族凝聚力的形成与发展》,《西北民族研究》1999 年第 2 期。

马风书:《集体身份认同与统一国家的建构——关于多民族国家统一问题的思考》,《文史哲》2015 年第 6 期。

宁乐锋:《论国家认同概念的阶级性内核》,《理论导刊》2015 年第 8 期。

潘亚玲:《爱国主义与民族主义辨析》,《欧洲研究》2006 年第 4 期。

潘自勉:《论价值规范》,《现代哲学》2002 年第 1 期。

钱雪梅:《从认同的基本特性看族群认同与国家认同的关系》,《民族研究》2006 年第 6 期。

羌洲:《略论民族高校思想政治教育的特点》,《中国特色社会主义研究》2011 年第 5 期。

乔泰运:《天下体系与中国的世界理想》,硕士学位论文,中共中央党校,2014。

任志峰:《当代中国社会主义意识形态主导性问题研究》,博士学位论文,东北师范大学,2014。

宋友文:《价值哲学与规范问题——现代社会核心价值观的思想史语境》,《北京师范大学学报》(社会科学版) 2015 年第 5 期。

唐秀华:《发展观的伦理蕴涵研究——基于科学发展观的思考》,博士学位论文,兰州大学,2012。

滕星、张俊豪:《试论民族学校的民族认同与国家认同》,《中南民族学院学报》(哲学社会科学版) 1997 年第 4 期。

王炳林、李盖启:《马克思主义同中华优秀传统文化相结合的时代价值》,《教学与研究》2021 年第 11 期。

王海峰：《塑造国家认同：社会主义核心价值体系的战略使命》，《求索》2010 年第 8 期。

王嘉毅、常宝宁：《新疆南疆地区维吾尔族青少年国家认同与民族认同比较研究》，《当代教育与文化》2009 年第 3 期。

王鉴、万明钢：《多元文化与民族认同》，《广西民族研究》2004 年第 2 期。

王蓓：《国家认同的价值诠释》，《学术论坛》2010 年第 12 期。

王浦劬：《论中国社会公共政治的形成与实现》，《国家行政学院学报》2010 年第 4 期。

王玉樑：《关于价值本质的几个问题》，《学术研究》2008 年第 8 期。

王卓君、何华玲：《全球时代的国家认同：危机与重构》，《中国社会科学》2013 年第 9 期。

王馨：《社会主义核心价值观与中国传统文化研究》，硕士学位论文，青岛大学，2018。

吴玉敏：《公民道德建设中的民族认同与国家认同相统一探析》，《青海师范大学学报》（哲学社会科学版）2010 年第 3 期。

吴玉敏：《实现民族认同与国家认同相统一》，《人民日报》2009 年 12 月 17 日，第 7 版。

项久雨：《思想政治教育价值论域及其研究意义》，《学校党建与思想教育》2003 年第 7 期。

肖滨：《公民认同国家的逻辑进路与现实图景——兼答对"匹配论"的若干质疑》，《中山大学学报》（社会科学版）2011 年第 4 期。

徐黎丽：《论多民族国家中民族认同与国家认同的冲突——以中国为例》，《西北师大学报》（社会科学版）2011 年第 1 期。

徐勇：《"回归国家"与现代国家的建构》，《东南学术》2006 年第 4 期。

杨雪东：《民族国家与国家构建：一个理论综述》，刘建军、陈超群主编《复旦政治学评论》第 3 辑，上海辞书出版社，2005。

俞祖华：《近代国际视野下基于中华一体的民族认同、国家认同和文化认同》，《人文杂志》2011 第 1 期。

袁贵仁：《建设社会主义核心价值体系》，《中国社会科学》2008 年第

1 期。

袁祖社:《"人是谁?"抑或"我们是谁?"——全球化与主体自我认同的逻辑》,《马克思主义与现实》2010 年第 2 期。

张东宁:《国际视角下的民族认同和国家认同与中国社会发展》,《第九届中国世界民族学会会员代表大会暨学术讨论会论文集》上册,上海,2010 年 9 月。

张炜、丁静伟:《论民族地区工业化道路选择:关于中国西部民族地区结构转化与经济开发的思考》,《西北民族大学学报》(哲学社会科学版)1992 年第 3 期。

赵剑英、干春松:《现代性与近代以来中国人的文化认同危机及重构》,载潘维、廉思主编《中国社会价值观变迁 30 年(1978—2008)》,中国社会科学出版社,2008,第 1~13 页。

郑仓元:《评价是一种特殊的认识活动》,《中州学刊》1994 年第 2 期。

周平:《多民族国家的国家认同问题分析》,《政治学研究》2013 年第 1 期。

周平:《论中国的国家认同建设》,《学术探索》2009 年第 6 期。

周平:《论中华民族建设》,《思想战线》2011 年第 5 期。

周建标:《习近平铸牢中华民族共同体意识的理论内涵及实践路径》,《上海市社会主义学院学报》2022 年第 3 期。

朱辉宇:《面向中国整体转型升级的价值哲学研究》,《理论探讨》2016 年第 1 期。

朱其永:《"天下主义"的困境及其近代遭遇》,《学术月刊》2010 年第 1 期。

庄江山:《制度的哲学思考》,博士学位论文,复旦大学,2007。

邹永贤:《对马克思主义国家学说中几个问题的再认识》,《马克思主义与现实》2002 年第 1 期。

闫聪慧:《马克思价值共识论研究》,博士学位论文,华中师范大学。

《中共中央关于构建社会主义和谐社会若干重大问题的决定》,《中华人民共和国国务院公报》,2006。

《中国共产党第十八届中央委员会第五次全体会议公报》,《求是》2015 年第 21 期。

《辞海》（1999 年缩印本），上海辞书出版社，2000。

中共中央文献研究室编《习近平关于协调推进"四个全面"战略布局论述摘编》，中央文献出版社，2015。

中共中央办公厅、国务院办公厅：《关于全面深入持久开展民族团结进步创建工作铸牢中华民族共同体意识的意见》，《人民日报》2019 年 10 月 24 日，第 1 版。

习近平：《在第二次中央新疆工作座谈会上发表重要讲话》，新华网，https：//www. neac. gov. cn/seac/c100500/201405/1085610. shtml，2015 年 9 月 24 日。

《「学习小组」习近平出席中央民族工作会议并发表重要讲话》，海外网，2021 年 8 月 28 日，https：//baijiahao. baidu. com/s？id = 17093318177 85800153&wfr = spider&for = pc。

《中央民族工作会议暨国务院第六次全国民族团结进步表彰大会在北京举行》，《人民日报》2014 年 9 月 30 日，第 1 版。

求是评论员：《坚定不移走中国特色解决民族问题的正确道路》，《求是》2014 年第 20 期。

习近平：《决胜全面建成小康社会 夺取新时代中国特色社会主义伟大胜利》，《人民日报》2017 年 10 月 28 日，第 1 版。

习近平：《扎实推动经济高质量发展 扎实推进脱贫攻坚》，《人民日报》2018 年 3 月 6 日，第 1 版。

《（受权发布）中国共产党第十九届中央委员会第六次全体会议公报》，新华网，2021 年 11 月 11 日，http：//www. xinhuanet. com/politics/2021 - 11/11/c_ 1128055386. htm。

M. Bennett, *Basic Concepts of Intercultural Communication: Selected Readings*, Yarmouth: Intercultural Press, 1998.

B. Buy Peters, *Institutional Theory in Political Science: The New Institutionalism*, London and New York: Wellington House.

C. X. George and Xiaoyuan Liu ed., *Exploring Nationalism of China: Themes and Conflicts*, Westport: Greenwood Press, 2002.

Francoise Mengin ed., *Cyber China: Reshaping National Identities in the Age of Information*, N. Y: Palgrave Macmillan, 2004.

Hans Khon, *The Idea of Nationalism: A Study of Its Origins and Background*, New York: The Macmillan Company, 1946.

Hans Mol, *Identity and Religion: International, Cross-cultural Approaches*, Great Britain: Biddles Ltd, 1978.

Samuel P. Huntington, *American Politics: The Promise of Disharmony*, Cambridge: Harvard University Press, 1981.

I. Primoratz, "Introduction" in I. Primoratz ed., *Patriotism*, Amherst, NY: Humanity Books, 2002.

Klaus HGoetz & George Philip, "Transferring ' Good Governance ' to Emerging Democracies: Ideas and Institutional Change, " Paper Presented at the 96th Annual Meeting of the American Political Science Association, Washington, 31 August to 3 September, 2000.

L. T. Hobhouse, *The Elements of Social Justice*, Routledge Thoemmes Press, 1993.

Maurice Duverger, Political Parties, New York: John Wiley, 1954.

Robert Maynard Hutchins, Great Books of The Western World, Volume 43; John Hutchins, Utilitarianism; Robert Maynard Hutchins, Great books of The Western World, Volume 43; Encyclop Aedia Britannica, Inc., 1980.

Anthony D. Smith, "National Identity and Idea of European Unity, " *International Affairs*, 1992.

H. Tajfel, *Social Identity and Intergroup Relations*, London: Cambridge University Press, 1982.

Theda Skocpol, *Bring the State Bacl in: Strategies of Analysis in Current Research*, Cambridge: Cambridge University Press, 1985.

Winter, Michael, *Culture and Identity in Europe*, New York: Psychology Press, 2007.

J. T. Wood, *Communication Theories in Action: An Introduction*, Belmont: Wadsworth, 2000.

Yong, Iris Marion, *Inclusion and Democracy*, Oxford: Oxford University Press, 2000.

图书在版编目（CIP）数据

国家认同的价值研究 / 姚文帅著. -- 北京：社会
科学文献出版社，2024.8. -- ISBN 978-7-5228-3685-0

Ⅰ. D03

中国国家版本馆 CIP 数据核字第 20248GH231 号

国家认同的价值研究

著　　者／姚文帅

出 版 人／冀祥德
责任编辑／周志静
文稿编辑／王亚楠
责任印制／王京美

出　　版／社会科学文献出版社·人文分社 （010）59367215
　　　　　地址：北京市北三环中路甲 29 号院华龙大厦　邮编：100029
　　　　　网址：www.ssap.com.cn
发　　行／社会科学文献出版社 （010）59367028
印　　装／三河市东方印刷有限公司

规　　格／开　本：787mm×1092mm　1/16
　　　　　印　张：11　字　数：180 千字
版　　次／2024 年 8 月第 1 版　2024 年 8 月第 1 次印刷
书　　号／ISBN 978-7-5228-3685-0
定　　价／98.00 元

读者服务电话：4008918866